大展好書 好書大展

理財、投資2

投資眾生相

黃國洲／著

大展出版社有限公司

自序

我有隨手記筆記的習慣，常常會在筆記裡，記下該辦的事項，或者是當日發生的事情。只用幾個簡單的 key-words 帶過。快速記下當時所發生的事情。往往在事隔了許久以後，早就忘記那件事情。但是偶而再翻到筆記本時，心情仍然會跟著當時的情景起伏不已。有時候噴飯大笑、有時候卻是悲傷、惋惜不已。

筆記本裡的寥寥數語，也就是這本書的前身了。我挑選了一些當時讓我有喜、怒、哀、樂之感，以及令我有所成長的故事。把它們重新賦予肉身，呈現在大家的眼裡。它們都是發生在股市裡的真實故事，卻在我生命中展延出來。我在故事後面都會附上我的看法。

在我的二十三萬筆成交紀錄裡，它們只是滄海之一粟而已。有些早已被我遺忘，有些卻深刻的印烙在我內心深處，成為一個不滅的警示。不過，事後的我，對它們都心存著無限的感激。

若我能在股市裡有些「獨特見解」，還是得歸功於那些與我交易的客戶。不管他們是對或是錯的投資方法，都好像是老師在做示範一般，好讓我這個菜學生可以了悟股市交易的真理。我對股市提出的「順勢、停損操作法」，也就是這些老師用他們的金錢與血肉，堆砌了二十三萬次之後，才慢慢成型的結晶。

所以，在我發表了《突破股市瓶頸》一書後，覺得有必要再把背後的故事，也寫出來告訴大家。或許有些讀者，在讀了他們的故事之後，可以蕙質蘭心的直接超越，我所達到的境界。這也就不枉費「那些老師」所做的示範了。

我的觀念中一直認為，後人是可以超越前人的，「長江後浪推前浪，一代新人換舊人」，前人的努力，應該是後人的助力，而不是阻力。世間任何事物在成形之前，都是經過許多代的人，與許多同代的人，承先啟後，相互扶持或競爭，一步步的打下根基而成的，因為「羅馬絕非一日造成的」。我也努力的想把我這十二年來的經驗，經過歸納整理之後，成為一個非常有效的股市投資策略。希望後來的人，能夠很容易的入門，並且很快地超越我領悟的境界。

有句話說：「踩在巨人的肩膀上，可以看的更遠。」有時候我們不需要自己爬到高處上，才能觀望遠方。如果現成的巨人，可以讓別人踩著他的肩膀去眺望遠方的話。直接利用一下又有何妨。

這本書裡的故事，個個都是巨人，如果讀者能從中得到一些啟示，就能讓我有不枉此舉之感，也達到我做此書的真正涵義。

黃國洲

九十年十二月

〈目　錄〉

自　序……………………………………三
1. 維持率追繳……………………………九
2. 沒股票要人命…………………………一七
3. 賓士大戶ＶＳ便當大戶………………三一
4. 道聽途說………………………………四三
5. 趕快、趕快……………………………四九
6. 標會錢…………………………………五五
7. 一股大戶ＶＳ抽籤大戶………………六一
8. 士林夜市………………………………七三
9. 不變的神話……………………………八一
10. 支撐與壓力……………………………八七
11. 加碼攤平………………………………九五
12. 多空皆如意……………………………一〇一

〈目　錄〉

13. 西瓜靠大邊……一〇九
14. 變變變的策略……一一五
15. 消耗太多時間……一二一
16. 我要退手續費……一二七
17. 借錢開信用……一三五
18. 保值股票……一四三
19. 長線比較賺錢……一五一
20. 股票套牢了……一五七
21. 我的最愛……一六五
22. 投資勝於工作……一七三
23. 證券業的趨勢……一八三
24. 開刀紀事……一八九
25. 後記……二〇一

1 維持率追繳

「又是忙碌的一天！」一大早郵差小張剛到他所屬的郵局，看到一大堆的待送信件，不禁發出如此的嘆息聲。

「真搞不懂，今天為什麼會突然增加這麼多的限時掛號信？」不過他還是照舊先拿起他的早餐，今天是一杯奶茶和一份三明治，吃了起來。

「不管它了！先吃早餐，看份報紙再上工吧！」小張先不管今天可能會送到天黑，也送不完的限時信件。

「股市大跌，券商十萬筆融資保證金追繳，萬箭齊發。」經濟日報是如此頭條新聞。小張恍然大悟，原來是如此，小張趕緊看看他工作檯上的待送信件，十之八、九都是證券商寄發的信件。

「原來是這麼一回事啊！」

小張在郵局裡分好他區域內的信件後，騎上他的綠色郵差摩托車，開始他一天的郵件發送工作，因為今天信件大多是限時掛號，所以送起來特別辛苦，必須要在今天之內送完。

「掛號信，掛號信，帶印章下來。」小張大聲的說。

小張算算這棟大樓，共有五家有掛號信，一起按門鈴後，乾脆一口氣一起叫下來領信，省的麻煩。終於三三兩兩的下來三個人。

「又是追繳保證金的，這個月都已經是第三次了，再追繳下去，乾脆用現金償還算了，也好省下利息。」下來的第一個婦人氣呼呼地說。

第二位下來領信的是位男士，隨便的穿著，很容易會讓人聯想到失業中的中年男子，拿了信就往回走，上樓去了，一聲也不吭的走了。

「唉，乾脆被斷頭算了，再繳下去我已經不知道該如何騙我的爸爸了。」

「當初向老爸借錢，講好一百萬元分批買進聯電，做長期投資，後來聽營業員說用融資買，賺的比較快，所以就改為融資加倍買進，可是到現在，股價只剩下一半，如果現在賣掉的話，一毛也不剩，還欠一屁股債。」

另一個妙齡女子眼神呆滯的說，然後又自言自語的走向樓上去了，神情充滿對未來的無奈。小張看在眼裡，也不知該如何安慰她才好。

三人都領了各自的掛號信，剩下的二份久不見人來領，小張心裡一想：『一定是全家都沒人在吧！』

這在台灣是一種很普遍的事情，夫妻倆人都得工作，才能應付小孩的教養費以及生活開銷，反而把小孩都送到外頭去托顧，到後來小孩只有外表像自己，內心反而比較像別星球的外星人。

小張於是丟下郵件待領的卡片後，又匆忙的送其他信件去了，因為他還有一大堆郵件要跑。

送了一天限時信之後，回到郵局已經是傍晚七點鐘了，看到同事們也是陸陸續續地回到郵局裡，個個累的人仰馬翻，平常這時候大家早就各自回家了。

「又有這麼多的限時信來啊！不用說；股票今天又是大跌吧。」

小張對著累昏的同事們說。果真如小張所說的，今天股市又跌了二百多點。看到負責把郵件收回到郵局的同事，把一袋袋的信件，放在他們的待分件的工作檯上，小張終於也了解到，覆巢之下無完卵的真理了。

外面股票融資保證金追繳的凶，像他完全不玩股票的人，也照樣是個受害者。感嘆無奈之際，看看一袋袋的信件，還是打起精神來，把信件先分一分區域。畢竟明天還有一場硬仗要打，送信總比收到信的人，要好過的多吧！

同樣是郵差，同事老李可就比小張要難過多了，累了一天之後，做完了工作。回到家裡，竟發現多了一封限時掛號信，而那封正是從小張手中送出去的其中一份。唉！老李可就比小張要傷腦筋了。

* * *

【投資診斷】

根據集保公司的統計，到民國九十年十月，全台灣二三〇〇萬人中共有一〇七三萬人次到股票券商開戶，扣除未成年的人口，股票市場可說是接近人人知曉，人人參與的一個活動，難怪每天的新聞當中，都需要特別騰出一段時間來介紹股市行情。這也是市場取向使然吧。

所謂的融資、融券買賣，正是以一年到期為準，向證金公司或自辦融資的綜合券商借錢（或借股票），從事買賣股票的一種行為。這種行為牽扯到擴張財力的行為，應該謹慎使用。

而所謂的維持率追繳，正是當你的整戶維持率不足一四〇%時，券商為了確保它的權利不至受損，向債務人（投資人）追索金錢或有價證券的一種行為，必須要把維持率補到一六〇%以上，若置之不理，當維持率低於一二〇%，他們就有權力幫債務人（投資人）直接處理掉股票，若有差額不足的部分（含利息）仍需要由投資人自行補足。

這對投資人而言，真是情何以堪，原本想將本圖利，賺點股利的。卻造成把投資的錢輸光後還欠一筆債的後果，尤其八十九年新舊政府交替時，常常有一連數天都在追繳的情況出現。真是把投資人逼的如同熱鍋上的螞蟻。

當初筆者在看投資人補足維持率時，真是八仙過海各顯神通，上班族有的一大早就來繳錢，或者翹班或趁午休時候，自己趕快來補足維持率，請朋友來代繳或直接用匯款的也大有人在。而自己是企業主的或者自己開工廠的，往往一個戶頭的融資金額，不夠他們使用的，常常借用其他人的戶頭，一開就是七、八個，一點也不稀奇，有的甚至於一連與數幾家券商一起往來。所以一旦他們繳起維持率的追繳，也是挺嚇人的。必須向銀行調度或者拿股票向銀行質押，拿廠房設備來抵押，才能調度得到資金。

這還在於有資金可以調度的，沒有工作的投資人，交情好的，向朋友調度一下。而無啥交情的，就只好眼睜睜地看著自己的股票讓券商斷頭了。這一天可真是台灣經濟混亂的一天。

以筆者的經驗而言，股票如果等到券商追繳，還不如隔天自己主動賣掉會比較好些，敗勢已明顯出現，自己了斷勝於維持率降到一二〇%，讓券商來斷頭要好的多。而維持率之所以會追繳，其實就是因為沒有把『停損的工作』做好，只要把停損的觀念帶進你的投資裡，就不會走到維持率追繳的窘境去了。

2

沒股票要人命

「今天終於把手上的股票，都出清了。」

玉梅吁了一口氣道：「前一波上漲的時候，勇敢的買進，到了今天終於驗收成果。把手上的股票，都換成了鈔票。」

玉梅在老公下班回家，小倆口吃晚餐的時候，向小方提到以上的事情。

「大盤整整漲了二千多點，不過，真正賺到的只有一千多點，剛漲的時候不敢進場，後來鼓足勇氣買進以後，又漲了一千多點，最後股票換來換去，有輸有贏，只是打平而已，可是大盤卻又漲了將近一千點。」

玉梅向小方敘述其中的過程。

「誰叫你，跑來跑去，手上的股票抱到底，不就好了嗎？」

小方不解的問道。

「哪有你說的，那麼容易！」玉梅回答道：

「我一開始買的是金融股，後來手上的金融股不再漲了，我自然把它賣掉。隔了兩天後，又發現電子股接棒在漲，自然也是再去追電子股嘍！哪知道電子股起起落落很難做，買來買去都賺不到什麼錢。」

「妳以為，股票會漲，就是會一直漲上去嗎？當然是股價會起起落落地震盪嘍！」小方道。

「講倒容易，做有多難，你知不知道！」玉梅回答道。

又續道：「像你現在吃的飯多容易，但是，要做一餐好吃的飯，有多麼地難你知不知道？有多少人做股票都會虧損，像我這樣能賺到錢的，已經算是少數了，你還不知足。」

「我當然沒有不知足！」

小方衷心地說：「我自然知道，股票是很難做的，妳能賺到錢，其實在我的心裡早就很滿足了。只是這話是妳先起的頭，我只是順著妳的話聊聊而已。咱們現在是在談投資的理論，又不是在怪誰對、誰不對，妳就千萬不要生妳那大少奶奶的脾氣了。」

這樣一講，才把玉梅剛要升起的怒氣，給溫柔地澆熄了。倆人也就談起別的事情，小倆口卿卿我我的。關於股票的事情，二人心裡有了共同的默契，就不再提了。

＊　＊　＊

事隔五天以後，仍然在方家的晚餐上。

「老公，你還記得我上次股票賺錢的事嗎？」玉梅自己終於忍不住，又先提了起來。

「記得！當然記得！」小方記得上次的教訓，自己添了碗飯，若即若離的回答著。

「我還沒跟你講，我們到底賺多少錢哩！」

不等小方回答，玉梅就道：「我向銀行做短期質押，拿了六〇〇萬元出來，後來股票清算後，總共有一〇〇〇多萬元耶！」玉梅興奮的口氣說著。

「哇！我們有這麼多錢啊。」小方高興兼訝異的語氣，聲調提升了不少。

「對啊！我今天把我們的本金六〇〇萬元扣掉，還給銀行，剩下了四〇〇萬元。我看股票族群裡的營建股，一直在漲，不管大盤是漲還是跌，它仍然是在漲它自己的。我想大盤雖然回檔了，但是有可能也有個股表現的空間。所以，就把剩下的四〇〇萬元，全數的買了單價不到十元的國建、國產、太設。這三檔比較老牌的建設公司股票。一旦有景氣回升，他們手中的成屋一大堆，銷售量大增的話。以他們現在的股價，一定會漲翻天的。」

「妳既然已經都買了，還跟我講做什麼。我還以為我們要大大的花一筆錢哩！或者出國去旅行、換換家具什麼的。」小方一聽錢又投進股市了，心裡有點失落。

「不過妳想的的確也蠻周到，台灣十幾年下來，房地產一直不景氣，看這次政府開放外資可以買賣我們的房地產，會不會把房地產的景氣，再度提振起來。」

方先生心想：『態度終須軟化一點才行！畢竟是用多賺的錢去投資的，不如全「拼」下去，不一定下半輩子，就全靠這一次的賭注了。』

「唉呦！難得你也會聽得進去我的話。既然我們已經做了，就不如等到好時機，股價大漲的時候，再出場享受獲利的果實吧。到時候我們就去白雲的故鄉『紐西蘭』，去玩個十天半個月，那裡的風景，聽說漂亮極了。去過的朋友都讚不絕口，有的甚至就移民過去了。真想去看看牛羊成群的牧場，跟天寬地闊的景色。」玉梅眼神流露出，對遠景充滿憧憬的表情。

「好吧！」小方也應聲道。

「那我們待會吃完飯，至少，我們一起去看場電影吧！來慶祝我們賺了四百萬元，不！不！不！應該說慶祝妳替我們賺了四百萬元。」

＊　＊　＊

又隔了十天，依然在方家的晚餐時刻，不過場景已經是換成在台北的來來飯店歐式buffet餐廳裡。

「老公，謝謝你今天請我出來吃飯！」玉梅高興的道。

「妳每天在家裡，煮晚餐也是夠辛苦的，偶而上上館子，輕鬆一下也是不錯的。」小方毫不居功的態度，讓方太太覺得很體貼入微。

「老公，你還記不記得，我們投資股票的事情呢！」玉梅順口就溜出話來了。

「怎會不記得，不是把賺的錢，全部押在營建業的那幾檔股票裡的嗎！」小方剛剛端回了一盤菜，坐定後回答道。

玉梅吃了一塊剛從牛排上切下來的肉，沾了沾旁邊的蘑菇醬後道：

「我看最近那三檔股票，股價又開始下跌了，一氣之下，加碼再買了六〇〇萬，加碼攤平股價。」

「那不是我們原來的錢嗎？那還是跟銀行借的，怎麼會又把它丟進去了呢？」小方驚訝的道。

「你別緊張、別緊張，瞧你嚇成這個樣子。只不過是短期利用一下而已嘛！等到股價拉回來之後，我就會把它賣掉，只是想多賺些差價而已。因為我不甘心股票買到最高點，總要賺一點回來嘛！」玉梅邊吃邊解釋，瞬間露出無奈的眼神，不過一下子又恢復對遠景充滿自信的表情。

「好吧！反正我都是好好先生而已，只能對妳說好！好！的先生而已。妳真是我的賢內助！」

小方續道：「怎麼樣輸的話，應該都不會輸到四〇〇萬以上吧。反正那原來就是我們多賺的。」

小方心裡有點不安，已經在為最壞的情況，做打算了。

「好吧！就這麼說定。六〇〇萬元短線操作，四〇〇萬的投資就一直留著不動，我們還得靠它去『紐西蘭』哩！」玉梅自信滿滿的回答道。

倒是方先生這一餐吃的心裡有點疙瘩。一再的向玉梅說下次買股票的時候，一定要先跟他商量一下。

＊　＊　＊

又事隔十天以後，也是在方家晚飯之前。

「老公。」玉梅無精打采的說著。

「怎麼了？」小方警覺到不妙。

「今天早上，我把股票都賣掉了。」玉梅一臉沮喪地，猶如做錯事的小狗等著挨主人的打。

「什麼！我不是說下次買股票，要先跟我商量的嗎？怎麼妳又一個人做主了呢？」

「你是說買股票，又沒說是賣股票，所以我才自己決定了。」

倆人鬥起嘴來，小方一想也沒錯，先前是這麼說的，一時的口誤，讓他也無話可說。

「最近的股市，不是一直都不好嗎？怎麼會把股票全都賣掉呢？」小方一臉又驚又懼的表情，如同感受到一場暴風雨正要來臨一般。玉梅也沒答話。

小方停了一陣子後，緩緩的道：「這樣一來，我們一定是賠錢嘍？」雖是疑問句，但是臉卻完全不向著玉梅說。

「我們那三檔股票，最近大概跌了三成多，我算一算不得了，想想長痛不如短痛，每天看到在輸錢。心裡有多麼難受你知不知道。何況其中有六〇〇萬元，還是向銀行借來的。看股票天天在跌，就好像天天在燒錢一樣，萬一賠掉了，我們連房子都沒有了。所以今天看到股票又在跌，左想右想都不對，情急之下，就把它們都賣掉了。」

玉梅把壓抑已久的情緒，一股腦的發洩出來，眼淚如同傾盆大雨一樣，哇啦啦地哭了出來。連哭帶說的一口氣，把話說完，也就不再理人，自己埋著頭拼命的哭泣。

看到玉梅如此，小方也不想多責備什麼，畢竟當初也是她賺到的錢，不忍心再多說些什麼。

「那我們還剩下多少錢。」該面對的總該面對，聽玉梅的語氣，說不定連向銀行借的錢也輸到了！小方既期待又怕受傷害的心情，現在只有玉梅能夠替他解答了。

「七五〇萬，我們賠了二五〇萬。」玉梅淚臉看著小方道。如同死意已決的人，不企求小方的諒解，自責的心態比任何人來責罵還要嚴重。

時間一秒一秒的過去，就看到小方的表情，從無奈、痛恨、到嚴肅、深思、再到燦爛的笑容。那決不是做作，就可以裝得出來的表情。只見到他一起身走到玉梅的身邊；一把擁抱住弓身坐著的玉梅。

把她的臉一手托了起來，深情的看著玉梅，那梨花帶淚的姣美臉龐，仍然是他的最愛，也已經成為他的人生伴侶了。一個衝動興起，俯下身來，深深的吻著她的唇。玉梅突然遇到這樣的舉動，一下子，還不知是該如何是好，只能應付式的回吻著。回吻中，身體仍然帶著哭泣後的抽搐。

開始只是以應付的心態在吻著。可是小方是乎沒有要停止的樣子，還變本加厲的又在她的耳垂上索吻了起來，一味地想引起玉梅的慾望，並且也讓自己的慾望愈燒愈烈。兩隻手也開始在她的身上，不安份的來回遊走著，從外衣一直鑽進到內衣裡，撫摸著年輕、彈性十足的嬌嫩肌膚。

這樣的舉動，讓玉梅的心情從冰山中漸漸地融化了，身體被遊蕩的手撫摸著，漸漸變成了一盆熱火。不可自己，真想好好解放自己一番。

卻仍然納悶的道：「賠錢你還在高興，真是受不了你！」話雖如此，語氣中卻已無任何指責的意味。甚至當她說完最後一個字時，是兩手纏著小方的頸部，胸口靠著手的力量，不斷地擠向小方，這時候真想與他融合為一體。彷彿在躲避又更像是在享受，背後那兩隻正在遊走的手，不讓它們找到內衣的扣環。挑逗的嘴唇又吻上了他的唇。

法國式的熱吻，讓兩個人情不自禁，想要有進一步的親密行為。倆人有默契的知道，為何小方會如此高興，有什麼比有位鴛鴦眷屬，又是一位知己，又是一位良師的伴侶，更值得高興的呢。

「老婆，我們的晚餐晚點再吃吧！」

小方舌頭在玉梅的耳朵上，邊吸吮邊說，雖是在問，可是手卻早已經把玉梅抱起來，直接走向臥房去了，倆人衣服在途中，早已經是掉落的差不多了，在玉梅腳拇趾上最後懸掛著的內衣，也在進臥房門口前掉落下來，兩人糾纏的身軀，一起倒臥在床上。

「隨便你啦！」玉梅千嬌百媚的回答道，以完全赤裸的身體纏繞著小方，嘴唇搜尋著小方的敏感地帶，雙腿像兩條玉蛇般的纏繞著小方，好讓小方的身體不要離開她的身體，飢渴的身體需肌膚密切的接觸，才能感受到對方帶給自己的愉悅。

於是兩人的晚餐，就拖到將近晚上十點才吃，而且是小方下廚的，因為玉梅早已經全身赤裸，玉體橫陳的，攤臥在臥室的床上了。浪漫後的遺跡，與凌亂的被褥形成了一個誘人的畫面，玉梅帶著極度愉悅之後的疲倦，不知不覺地昏睡過去。卻大方的袒露著赤裸的胴體，給她最心愛的人，恣意的欣賞著。

*　*　*

【投資診斷】

方家從一〇〇〇元萬的錢，剩下到七五〇萬元，當然是損失慘重。不過以另一個角度而言。其實他們還是賺到一五〇萬。小方能用更遠的角度來看事情，也把這個角度以夫妻的方式，傳遞給她太太，算得上是睿智的。如果他聽了他太太的話，而可惜那二五〇萬元的話，可能他家庭裡，現在存在的只有懊惱與憤怒而已。卻不能改變任何事實。

如果投資人從股票賺到錢，那他一定會念念不忘，當初使他獲利的股票，若是手中已經沒有股票了，很容易會落入再買股票的槽臼裡。

其實人沒有那麼的神，不管他已經有多少的經歷，或技術分析有多強，或者他的實力有多麼雄厚，都沒有辦法每個波段都讓他賺到。尤其是長波段和短波段都要兼顧到，簡直就是痴人說夢。常常看到的就是顧此失彼。

所以，千萬不要以為手中沒股票是件痛苦的事情；偶而看別人賺錢，是要以欣賞的角度去看，讚嘆就好。欣賞的畫作，不一定要每一幅都擁有。

3

賓士大戶VS便當大戶

X大證券公司在台北市南京東路上開幕了，由於事先廣告做的頗大，而且在台北的黃金地段上。（那裡號稱是台北市的金融中心，與台北市另一條路迪化街東西呼應，是台北市地上與地下的兩大金融中心。）

所以，一開幕就吸引許多的客戶前來開戶，裡面的員工個個忙的不可開交，營業員也是每個人都使出渾身解數，拼命地招呼客人。

幾天下來，每天每個營業員幾乎都開了一、二十戶，收穫頗為豐富。若依此下去，該地點的營業員，以後的業績必定個個都會很好，若有高低差別，就差在客人的素質，也就是客人是屬於多金或者散戶的差別了。

艷華人長的漂亮，卻是個頗為眼尖的營業員，別的營業員出去招攬客戶開戶時，她卻待在公司裡等待客戶上門。

只要是穿著樸素、談吐平凡的客人，她就自動消失不見，就算是客人指定要她服務，也是退猶不及，找理由轉介紹其他的營業員給客戶，或者乾脆來個不理不睬，讓客戶吃個閉門羹。

但是，若碰到穿著不凡，開著名車來開戶的客人，她必定搶破頭、衝第一個去服務，毫無顧及同事情面。

所以，大家對她表面上客客氣氣的，私底下卻頗有微詞。不過艷華私底下是不與同事相互往來的，因此，就算是大家頗為不滿，這種聲音卻也傳不到她的耳朵裡去。

X大證券在南京分公司開幕已第七天了，這一天艷華沒事坐在開戶櫃檯與開戶小姐瓊芬閒聊。聊著、聊著就看到一輛全新的賓士S三二〇黑色的轎車，從遠處駛來，停在X大證券的門口，車子一停，前座右邊馬上下來一位年輕人，以小跑步的速度，跑到後座打開右側車門，恭敬的態度，使頭顱自然下低四十五度。

後座走出來了一位西裝筆挺、衣著亮麗的中年男子，隨後又跟隨著另一位中年男子，同樣是西裝筆挺。三人一同走進了X大證券的門口，走向了正在忙著整理開戶資料的開戶小姐瓊芬。

這樣的仗陣，把坐在開戶櫃檯旁邊的艷華，看的眼珠都快要掉下來了。

「先生，你是來開戶的嗎？」艷華很直覺地起身迎了上去，順便把名片遞了上去。

「我叫艷華，是營業員，反應很靈敏，手腳很靈活喔！你有什麼需要我服務的地方嗎！我們這邊開戶手續很簡單，只要填寫幾個簽名就好了，其他的我幫你寫就好了。」艷華還未等客人開口，就已經自我推薦，彷彿客人就是要找她下單一樣。

「妳長的蠻漂亮的嘛！我是來開戶的沒錯，我姓鄭。」鄭先生大剌剌的一屁股就坐開戶櫃檯旁的沙發椅子上。艷華的名片，由旁邊的年輕人代為收去。

「小吳，點支煙來。」那位站在旁邊，同來的年輕人馬上彎下腰，恭敬地遞上一支煙，順便點燃了煙。

鄭先生拿起了煙就抽，翹起二郎腿，舒服的往後躺了下去。另一位同行的中年人只挑旁邊的椅子坐下，年輕人依然站著，尊卑的地位，一目了然。這樣的動作，彷彿是在電影裡大老闆的寫照。把瓊芬與艷華唬的一楞一楞的，讓她們完全不敢提大廳裡是不准抽煙的事情了。

「好！好！鄭先生，那你坐好，我把開戶資料帶過去給你填，瓊芬妳忙妳的就好了，剩下的我來處理，鄭先生，我叫金艷華，您慢慢抽！」艷華有點混亂的思緒，表現在她的談吐中了。

「金小姐，把開戶單拿來，我簽一簽名，剩下的基本資料，妳替我寫寫，順便也替這位張先生他開個戶頭。麻煩妳了。」鄭先生口氣完全是命令式的，聽他這麼一說，原來才知道在他旁邊的中年人姓張。

「兩位就在這裡簽名，鄭先生，請問在哪裡發財呀！」艷華終於恢復情緒，開始俐落的幫客戶開了戶，順便問起客人的狀況。

「我跟張先生，合夥做生意，開貿易公司。」鄭先生邊吐煙邊回答，驕傲的表情，很容易讓人聯想他們的公司一定很大、很賺錢。兩三下，艷華就把兩位客人的戶頭都開好了。鄭先生一行人；之後，繞了一圈看看裝潢設備，沒說什麼也就驅車離去了，艷華本想幫鄭先生開車門，不過被小吳小跑步搶了去，但是，她也一直送她的這位大客戶到門口，揮手向已經遠駛而去的車屁股說拜拜。

「艷華恭喜妳了，剛才那位一定是位大客戶！」開戶小姐瓊芬，忍不住在艷華回來後，大聲的向艷華說。

「我想也是。」艷華回答，愉快的心情，彷彿中了特獎。

後來鄭先生果然來下單了，一出手就將近下了五〇〇〇萬的業績，不過是買賣互抵，當日軋平的，而且賺了五十幾萬元。真是把其他的營業員都羨慕死了。之後，連續兩天也一樣下了將近三、四千萬的業績，不過仍然是當日沖銷掉，卻不幸都虧損了，兩天合起來將近賠了一五〇萬元。

這時候的艷華，就有點沉不住氣了，在第二天也虧損的下午，趕緊打電話給客戶鄭先生，想跟他說作股票，應該沉著一點，不要當日沖銷。但是，沒想到一整個下午他公司裡都沒有人來接電話，艷華心裡開始覺得有些不妙了。到了隔天，因為銀行有欠款，打了一整個上午都找不到人，最後公司只好向證管會報違約。

艷華開始知道，她的客戶原來只是個繡花枕頭，是證券業最厭惡的投機份子，賺到錢就跑，賠錢就留下一堆爛攤子給證券公司去收。後來果然都沒有出面來解決，就這樣無影無蹤消失了，留下一堆濫帳給艷華去處理。

*　*　*

其實，在艷華開到賓士大戶的同一天，有個穿著拖鞋、內衣的阿伯，也來開戶。因為當天上午有許多人在開戶，沒人招呼他，開戶小姐瓊芬就把艷華的名片給了那位阿伯。

「阿伯，你以後就找這位小姐下單，她替你服務好了。」瓊芬有點捉狹的意味，想看平時驕傲的艷華怎樣應付這種鄉巴佬。那位阿伯也無所謂，沒多說兩句話，開了戶後，拿了開戶紀念品。也就走人了。

這事情後來被艷華知道後，馬上就把那位阿伯的開戶資料，轉給旁邊的營業員淑宜。淑宜心裡想，反正客戶不嫌多，也就欣然接受了。後來阿伯果然天天來X大證券看股票盤，一樣是他的招牌模樣，拖鞋和內衣。不過倒是都蠻乾淨的，正當他想要和艷華講話的時候，就聽到淑宜向他喊道。

「阿伯、阿伯，艷華怕她太忙，招呼不過來，耽擱了你的單子。所以把你的資料轉給我了，你以後就下單給我就好了，我來服務你。」阿伯聽到楞了一下，轉身走到淑宜面前。

「明天開始，麻煩妳中午的時候，多叫個便當給我。」阿伯說道。

「可是我們公司的便當，是有固定份數的耶！」淑宜表情有點為難地道。

「我如果一整月沒下單，那麼，便當的錢我自己付。如果有的話，業績也夠的話，那就算妳的，妳就幫我付好不好。」阿伯也不生氣的說，話中充滿不佔他人便宜的口氣。

淑宜想想也對，反正現在個個券商都在談退手續費，她這樣子也不吃虧，看那位阿伯要求不大，也就欣然接受，反正生意以和為貴嘛，不一定他會為她帶來更多的客戶。也就這樣答應了那位阿伯的要求了。

那位內衣、拖鞋阿伯一連十幾天，大部分都在快要中午的時候，才來X大證券看盤，然後跟淑宜要個便當吃，有時候吃完就走，有時候吃完便當，還會把盤看完，到收盤下午一點三十分後才走人。不過倒是從來不和其他的人討論盤勢，只是一個人看盤而已，也沒看到他下單。

淑宜心想大概這位阿伯，大概這個月要自己付便當錢了吧。

「淑宜，華碩賣出市價二千張，今天我已經先在交割櫃檯存進去股票了。」阿伯對著淑宜，喊出了賣出股票的委託單。

「不對吧，是不是二千股才對，那是二張才對，您是不是存了兩千股股票進去呀！」淑宜直覺覺得，阿伯可能把股數與張數給搞錯了。所以不敢寫單，先向內衣阿伯確認一下，口氣儘管和緩，但是語氣卻頗為懷疑。

「哪裡是兩張，是兩千張華碩，不信妳打電話去交割櫃檯問問看。」內衣阿伯也不生氣，叫淑宜先確認後再丟單。

淑宜更加的狐疑了，打了電話給正在忙碌著的交割櫃檯，就聽到財務部主管親自接聽電話，因為底下的人，個個都忙碌異常。

「淑宜，妳那位客戶的華碩可以賣了，二千張沒錯，不要寫錯了。」砰！講完這句話電話就掛斷了。

淑宜拿著話筒在營業櫃檯上楞了一秒鐘。

「還不趕快寫單！發什麼呆呀。」內衣阿伯笑笑的表情，看著淑宜說話了。

淑宜到這時候，終於如大夢初醒，趕快動作起來，把委託單分了四張四九九張和一張四張，合起來共二千張的華碩賣單，丟到市場去。這時候的華碩股價大約一七五元，整個委託共成交三億五千萬的金額。內衣阿伯知道成交價後，並不多說話，淑宜也配合他低調回應。

「阿伯，你的華碩賣出成交了。」淑宜說。

「喔！知道了。」內衣阿伯回應道。

之後，阿伯仍然向淑宜要了個便當，在營業廳裡吃了起來，吃完後，就獨自一個人走了，留下滿肚狐疑的淑宜。而正在工作的淑宜，也沒辦法丟下工作，追上去搞個清楚。

從此以後內衣阿伯的魅力，不傳自走，所有公司的員工開始對他客氣有加，連經理看到他也都要上前噓寒問暖一番，不過內衣阿伯仍然對這些毫無興趣。

幾次經理要請他吃飯，都被他拒絕，只拿起他向淑宜要的便當，獨自一人吃了起來。單子也是照常下給淑宜，有買有賣，一次的金額也都是接近二、三億元左右，真是讓人大開眼界，便當大戶的稱呼，從此留傳下來。

* * *

【投資診斷】

以前當筆者還在唸書的時候，時常會利用寒暑假時打工賺錢，一般都是選擇到牛排館當服務生。因為可見見市面，為將來作打算，而且有小費可以拿，收入比一般以時計薪的工作要有利潤的多。

而那時候就統計出一件很有趣的事情。一般牛排館店的牛排套餐大約分成五、六個級數，從神戶、丁骨……到黑胡椒牛排、經濟牛排。大部分的客人都會選擇比最差等級，還高一等的黑胡椒牛排套餐，第二個點購量大的是，比黑胡椒牛排高一等的菲力牛排。

銷售量以此類推，愈高價愈少人點，都是以價格愈低者成交愈多。但是，最低價的經濟牛排除外，反而是沒有幾個人會點，其實經濟牛排只不過比黑胡椒牛排少兩朵花椰菜而已，而且店門口的樣本一清二楚的標示出來，大家寧願點多了吃不下的牛排，也不願點份量比較少的經濟牛排。彷彿消費者都看不到該套餐一般。而且愈高級的牛排館，這種情況愈明顯。

一般而言，若是新客人，只有偶而有小朋友，或者悠然自在、自信十足的客人，才會大大方方的點該樣套餐，真正顧及了自己的需求與消費。或許他已經不會被自卑的心態給作祟，自己對自己的肯定已經不再是外表的假象吧。

這就是我們人性的特色，為了面子，往往在表面上下工夫，裡子的內涵，反而是次等修練的東西，有更多的人打腫臉充胖子，做出自己能力範圍以外的事，而更有許多人在看人的時候，也只看外表而已。才會讓所謂的『賓士大戶』為所欲為，而讓真正有實力的『便當大戶』冷落在一旁，好在便當大戶早就不在意別人的眼光了。所以，我們看人千萬不要看走了眼。看內涵、看實力才是重點喔。

4

道聽塗說

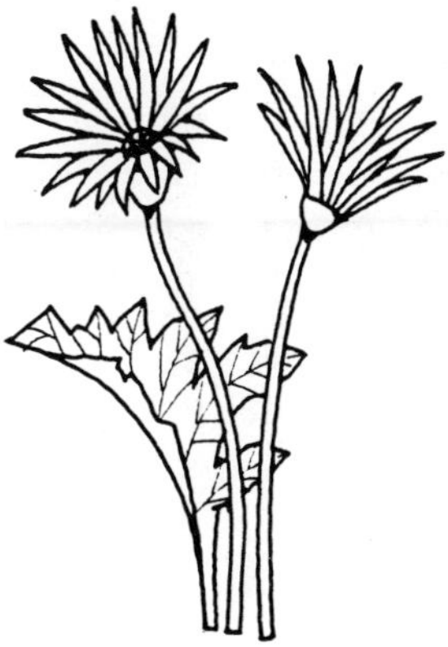

老張與阿梅是兩個死黨般的好朋友，也是生意上的好搭檔，老張負責供應貨物，而阿梅則在路邊擺起攤子，幾年下來，倒也不無收穫，累積了一筆小存款。他們也拿其中部分的錢，去投資股票。兩個人經常交換股市的訊息，作為他們買賣股票的依據。

「我昨天晚上看電視說，台灣做那個主機板的公司，好像很賺錢耶！」阿梅對老張說：「那我們也來買做主機板的公司要不要，好像就是那個華碩、精英的樣子。」

老張聽了也心癢癢的道：「那好吧，妳買進的時候，順便幫我買五十萬元，多少張妳自己算一下，不要超過就好了。光靠我們這樣的生意，是賺不了大錢的。」

阿梅興沖沖的打電話給她的營業員侯小姐：「我要買華碩四張，啊！老張的戶頭給他買三張好了，你現在就掛進去，等成交後再告訴我們價位。」

營業員侯小姐聽了，馬上用市價，買了華碩到他們的戶頭裡去，各自是九十五元與九十四・五元的價位。之後連漲兩天，華碩的股價已經超過一〇〇元，而且股價也回不下來，一直在三位數上遊走。所以，老張與阿梅也就安心地等待好時機，再賣掉股票。

隔了一個多月後。

「阿梅我跟妳講喔！昨天我看股票的雜誌上說，今年的主機板業，前景可能不好，後來晚上電視上的投顧老師，又叫人賣出主機板業的股票。」營業員侯小姐主動打電話去道：「今天在公司開晨會，公司自己的投顧又叫人出脫主機板業的持股，我看你的華碩也已經漲到一八〇元了，已經賺了一倍了。還是趕快賣掉好了，免得到時候賺錢變成賠錢，那就虧大了，你看怎麼樣呢？」

侯小姐一路劈哩啪啦講下來，不給阿梅發言的機會，把阿梅聽的昏頭轉向，但是心裡得到一個結論就是：把手中的華碩股票賣掉。

「侯小姐，既然這樣，那就把我的股票賣掉好了，順便把老張的那三張，也一起給他賣掉，回頭我碰到他，再跟他說去。」

「要不要，先跟老張講一下！」侯小姐有點不安的問道。

「不用，不用，要找他不是件容易的事情哩！他老是在外面鋪貨，你是找不到他的啦！你就照我的話去做，就好了。」

阿梅在聽完營業員的意見後，終於下定決心要把股票出清，順便也把老張的股票一併出清。

一分鐘後，

「阿梅！你們的股票，以一八〇元賣出了，恭禧賺錢！」侯小姐打電話給阿梅。

「喔！謝謝啦！老張我會跟他講，妳不用跟他講了。」阿梅滿心歡喜地說。

老張被告知後，也很高興阿梅能做事果決，幫他賺了二十幾萬，而他們兩個也很感謝侯小姐的關心，能夠即時把消息告訴他們。

有了這次的經驗之後，他們就更勤於作功課，他們的功課就是多多看電視，多多與營業員聯絡了。他們認定這就是他們致勝的法寶。

故事好像還沒有完畢，後來華碩的股價，到底有沒有因爲所有的媒體看壞，而因此股價開始滑落呢？

其實以老張與阿梅的角度而言，當營業員侯小姐回報他們的華碩以一八〇元的價位賣出時，故事就已經結束了。華碩這支股票的榮枯，再也不會影響到他們了。也不應該一直留念於華碩使他們賺一倍的投資裡。

這個的精神是在於：獲利是在銀行的本子裡見真章，而不是管你過程是如何、如何，更不會管你，未來是如何、如何。只要銀行本子裡多一元就是獲利了，要是少了一元就是失敗，過眼雲煙的投資過程，還有誰會記得呢？

*　　*　　*

【投資診斷】

以上的做法，在一般的散戶投資人當中，是極為常見的投資模式，一般散戶限於財力的不足與專業的不足，往往不能很有效的掌握股市的脈動。許多次的投資都只能旁敲側擊，了解一個大概。道聽塗說地買賣股票，買的那檔股票，也不知道到底是好在哪裡？賣的時候也不知道壞在哪裡。只有從朋友口中、或報紙裡、或券商報告、或投顧老師、或新聞媒體及專業雜誌等管道取得消息，卻往往已經是第六、七手以後的陳年資訊了。所以，往往失靈的可能性也極大。

而上述的例子，老張與阿梅誤打誤撞的投資法。竟也賺了一倍的利潤，像這樣的投資法，只能歸功於運氣好，夜路走多了總得遇見鬼，切莫以為是正確而沿用不已。真正的投資之道，只有靠自己對產業基本面的了解以及對景氣遠景的判斷，加上計算該股的籌碼集中度（愈是集中愈是會漲）。唯有如此，勝算才有可能高一些。

5

趕快、趕快

「趕快，趕快！」呂小姐大聲的向營業員小黃說：「趕快丟單，下一檔應該就是我的成交價，如果不是的話，我就要向你們的經理申訴，還我一個公道，賠償我的損失。」

營業員小黃聽了，不禁搖頭嘆息。這已經是今天第三次這樣說了。彷彿整個營業檯就只是為她一個人開的。假若業績量大那也就算了，偏偏業績量又特別的小，每張單子不會超過三張整股。他每次想與呂小姐溝通時，都會想再忍一忍，畢竟人家是花錢的人，生意以和為貴嘛！

「呂小姐，其實，委託下單的過程是很複雜的，若其中一個環節有點失誤，都會導致延誤的。何況市場這麼大，大家競爭之下，偶而也會塞單的。」

營業員小黃終於在呂小姐第四次抱怨之下說話了。

「在妳下單之後，我必須先確認無誤，再交給 **key-in** 小姐，再將資料轉到我們的終端機，由我們的終端機丟給交易所的終端機，交易所的終端機再把全國的資料瞬間予以排列與撮合，再丟回到我們的回報系統，妳才可能知道交易價格。

若其中任何一個環節出問題或延誤，都會讓交易無法立刻成交，甚至有去無回，何況大家都是利用中華電信的線路，難保不會出現一、二次的誤差。」

營業員小黃輕聲的向呂小姐解釋。

「什麼！什麼！我才不管你們公司的作業，我只要單純地買到我要的股票就好了，其他的是你們自己公司的事情。」呂小姐霸道的說：「花錢就是老大，我是看準了才買，萬一價格變壞了，我才不要哩。我就是要那個價，那個價才會有差價可賺，我天天呆在號子裡頭，不就是為了賺差價。」

「可是如果委託單一多的話，就有可能會塞單，大家就要照排隊順序打單，畢竟 **key-in** 小姐也只有一雙手而已。」營業員小黃回答道。

「這就是你要注意的事情了，你不會把我的優先打進去嗎？或者你丟到別櫃去打單也可以啊。」呂小姐以自我為中心的說道。

「這種事情，讓別的投資人知道的話，會不高興的耶！我想辦法讓妳的單子快一點好了啦！」營業員小黃邊敷衍邊無奈的回應，口氣中對這個客人一點折也沒有。

「小黃，你要知道我是做短線的，必須要快、狠、準。如果不是這樣的話，我就沒辦法做了，你知不知道。」語氣已有緩和的呂小姐，向營業員解釋她的做法。

「可是妳想買的價位，也許也正是別人想要搶進的價位，這樣子搶帽子，不是很好吧！」營業員小黃道：「或許把投資眼光放長遠一點，會更有方向感。你也可以嘗試去做看看嘛。」

「當然囉，這就是我個人的手法，我寧願一鳥在手，也不願十鳥在林。看得到，吃不到。猶如廢物一件。所以我寧願短線操作，也不要長線抱著。如果每個人都把眼光放長，你們券商豈不是都要餓死了！」

呂小姐辯不過，連關心券商存活的話都拿出來講。不過她的話中也透漏出投資人對風險的恐懼。

兩人各說各的，各自都有理，也都堅持己見，不過最大的改善，是呂小姐知道下單的流程如此複雜後；倒是偶而可以諒解，為何她的單子，並沒有每筆都撮合到她的理想價位。

＊　＊　＊

【投資診斷】

還記得我在《突破股市瓶頸》一書當中，所提到的股市相對論嗎？股市如同大海，納匯百川而成其博，所以各種聲音都會存在，也都有其生存之道，互相纏繞。唯一應變之道，就是同意他人自由，堅持自己的做法。

上例呂小姐之所以急著撮合下一筆價格，正因為她把眼光看在短利上，操作股票如果短視近利的話，很容易迷失於追逐股價，而失去投資策略的應用。喪失對目標的追求，進而盲從於市場的波動。這不同於順勢操作，因為股價不是「勢」，勢的判斷，是以量的大小，作為標準，以量的累積去計算籌碼的集中度，集中度夠了，自然「勢」就成了。

有勢時，隨時都可以追、分批追。這不同於所謂的「加碼攤平」。因為它是愈高價愈追，而不是愈低價愈買。而當勢敗了時，是分批賣，愈低價愈賣和「加碼攤平」更是完全相反的做法。

呂小姐的例子當中，她是偏向對股價的追求，而真正正確的做法，應該是偏向對「勢」的追求，價位不重要，就算讓她買到今天的最低價，如果不順勢，卻有可能是明天的最高價，所以順勢地操作才是重點，順勢了，買賣的價位自然也就漂亮起來了。

6
標會錢

「三五〇〇元，二萬元的會，共二十位會腳。今天一定要標到手。」老劉心裡滴咕地盤算著。

「開標了，開標了。」張太太張羅著會腳後，開始把標單一一打開。「阿弟五〇〇元，濱哥一五〇〇元，趙老師七五〇〇元，王太太一六〇〇〇元……。」老劉一路聽下來，除了他，竟沒有一個人是超過一六〇〇〇元的。

「真是一群，貪小便宜的傢伙。」雖然老趙得標，但是，以如此高的標價得標，心中仍然忿忿不平地抱怨：「早知道，就標二〇〇〇元就好了，幹嘛還要出三五〇〇元。至少也可以少付三萬元的利息錢。」不過仍然神神秘秘的收了標會錢，向會頭張太太到聲謝後，就直奔他自己的家裡去了。

「多付三萬元，只拿三十三萬元回來，不過對於那些短視的會腳，就當作是先享受，後付款的代價吧。」老劉說：「等到下個月開標時，再把那些短利鬼羨慕死吧！」

心裡暗自高興的打著如意算盤。次日，早上八點三十分不到，老劉就打電話給他的營業員。

「王小姐，我剛好有一筆錢，可以買買股票，妳上次介紹我的ＩＣ設計的矽統，現在股價已經飆到一五〇元，現在買的話，會不會太高啊！」老劉心裡已有打算的問道。

營業員王小姐道：「當然不會啦，要是你聽我說在價位一二〇元就介入，你現在已經賺三十元了，現在還不趕快買，要等到哪時候才買啊。」

這句話正是老劉想要聽的話。老劉趕緊道：「那等一下，開盤後我們等好價位就買三張好嗎？」

營業員王小姐道：「當然好啦，等股價下來一點，就買進去卡位，去佔一個好價錢，最好等到股價有三〇〇元的時候，才來賣，那你就賺一倍了呦。」

老劉開心地道：「那就麻煩妳多關照了。」

股市開盤了，矽統表現依舊亮麗，股價漲了三元後，一直在一五三元附近遊走，營業員王小姐沉不氣了，打了一通電話給老劉，「劉先生，我看必須要買了，再不買，等一下股價再往上漲，可能就後悔莫及了。」

老劉也心有戚戚焉的道：「好吧！再不買可能會更高價，那就用市價買進，成交後再跟我回報價位吧。」

兩分鐘後，營業員王小姐回報老劉以一五三・五元的價位，買了矽統三張共四十六萬元，老劉就拿上次標會的三十三萬元加上自己的十三萬，共四十六萬元去交割，證券集保本裡，就存著三張的矽統股票。

*　　　　*　　　　*

一個月後，老劉的矽統股價已經漲到一六九元了，老劉高高興興地去參加標會，這次只有標一〇〇〇元，大家必須交一九〇〇〇元給標到會的濱哥，老劉心裡有點不屑地想：

『這群人，都是毫無理財智商的笨傢伙，我一個月靠標會錢就已經賺了將近五萬元。等到全部的人輪完，我豈不是要賺一〇〇萬元了。』

想到這裡，老劉不禁哈哈大笑起來。周遭的人，無不莫名其妙。只見老劉神秘的微笑，並不理會他們，大家也不好意思追問下去。錢繳一繳，寒暄一下就各自找朋友喝茶聊天。老劉自知無趣，也打到回府去了。

可惜好景不常，老劉的ＩＣ設計的矽統，後來並沒有再為老劉賺一毛錢，而且，傳說公司製程出現瓶頸，被大量退貨。股價就一路往回跌，老劉因為每次想到那錢都是會錢，還沒看到收穫決不放棄，也就一路抱股下來。等到股價只剩下五十元時，才驚覺到他已經把會錢給輸的差不多了。毅然把股票賣掉，換回剩餘的十五萬元時，眼淚不禁奪框而出，心想：『為什麼，我會如此財迷心竅，要擴張財力，去做我能力不足的事情呢？』

＊　　＊　　＊

【投資診斷】

老劉犯了一些在平常的投資裡，最容易犯的毛病，也就是拿只能短線使用的錢，應用到長期投資裡，而且還想短期獲利豐富。股票投資其實是不能界定長短線的。股票市場就像大海的漲退潮，潮來就漲，潮去就跌，公司的業績只是它的一種媒介而已，真正作用的還是在於它的「勢」，如果你買了禾伸堂的股價，當時的天價九九九元，如今股價只剩下二八〇元，如果你仍然持有，那又代表什麼？只能說，你是佔了該公司的一席股東而已，以股價而言，在目前的狀況，投資算是失敗。

老劉的第二個毛病就是寅吃卯食，把未來的錢拿來運用，就彷彿是預支生命一般，心裡會踏實才怪。

老劉的第三個毛病就是，投資的態度不對；若有投機的態度和不認真地作功課，在股市裡就是一隻待宰的羔羊。而且不順勢時又不能有效的停損，才是老劉最大的敗筆。投資股票必需拿生活中用不到的錢才可以。而且需要順應資金的「量能」操作買賣，才是上上之選，公司的業績只是一種題材而已。

7

一般大戶VS抽籤大戶

股票市場流行一句話，就是五窮六絕七上吊。意思就是說，五月、六月、七月，這三個月往往就是股票市場裡，行情低迷的時候。倒不是說就沒有股價會上漲的，不過以證券商從業人員的角度而言，可能就得過過苦日子，但是辦法還是人想出來的，畢竟，仍有許多優秀的人是可以利用時勢，創造個人利潤的。

「經理，今天輪我值班，營業員就丟了一大堆的零股給我打，他們都在欺負我。」一位在公司有些資歷的 key-in 蔣小姐，拿翹地跑去經理室向他的經理——王經理說著。

「不會吧！現在成交量那麼小，有誰會買那麼多的零股？再說，我看營業員對妳都很好，不會故意整妳的。」王經理安慰她說，意思就是說該做的工作，還是要去做。

「哪裡是啊，經理你看、你看，就是有那麼多的零股單要打。」蔣小姐兩手各拿了一大疊出來，王經理也嚇了一大跳，可能有一千多張的委託單子吧。

「怎麼會呢？如果早上有那麼多的委託單子，可以打的話。那我們公司的業績大概也不會差到哪裡去吧！」王經理講歸講，但是還是要處理狀況。把key-in小姐手上的單子，拿過來看了看，的確沒錯，都是當天要委託買進的零股委託單，而且還都是同一個營業員寫的，既然委託單無誤，像零股這種小事，就不要再去煩心了。打了個電話給key-in的組長。

「芳琳，今天零股掛單的人太多了，值班的一個人，恐怕在半個小時之內，是打不完的。妳馬上調派人手，幫忙一下。」

key-in組長芳琳不甘不願的應了話，多開兩台機器，指派了另外兩位key-in小姐，分三櫃在打單，沒多久就把單子給打完了。完成受委託的責任了，不過另外加做事的兩位key-int小姐倒是不怎麼愉快就是了。

王經理分派後沒事，公司也沒有其他的事情了，就約了約其他的經理人，找個時間去打場高爾夫球了。也把這件事當做只是件偶發的事件，並沒有多花精神去研究。

* * *

事情隔了二天之後，key-in 組長芳琳在收盤後，也是氣急敗壞的走進經理辦公室。

「經理，又有很多的零股要打了，key-in 們都在反彈，每天都要打那麼多的零股，成交機會又不大，沒成交的，營業員隔天又要重新寫單來打，每天都打不完，趕的要死。」

key-in 組長芳琳向經理抱怨，越來越多的零股要打，今天已經高達六千多筆要打，每個 key-in 小姐無一倖免，每人都分派到一千多張，要在半個小時之內打完，否則，交易所就會停止交易時間，這可以說是與時間賽跑的工作。難怪 key-in 組長芳琳要來抱怨。

王經理一看，情況有點不對。拿起了委託單來仔細看，本來委託單幾乎都是用手寫的，而今天這幾份幾乎是用電腦列印的。但是一切也沒有錯誤，也沒有任何違法之處，該蓋章的地方也蓋了印章，該簽名的地方，也簽上了名。甚至兩天前買的零股也準時交割了，並沒有任何不當之處，本來這就是客人的權利，他要買任何的上市股票都是可以的，只要他完全照規矩來，也相信是不會有任何一家券商會拒絕的。但是，奇怪的就是在於，現在已經增加到有七位客戶在買了，而且他們的共同特性就是只買進，不賣出。而且大小股票都買，上市上櫃共有八百多家，它們幾乎每一檔股票都在買，但是都只是買一股而已。

看到這樣的情況，時間緊迫，王經理也顧不了那麼多了，趕快向 key-in 組長芳琳說：「單子都沒問題，時間緊迫，還是把單子分一分，每一櫃都要開，午餐晚點吃，每個人加油一下。打完我請各位吃披薩。至於為何有這麼多的零股，我會調查清楚，人家委託的單子，是不能拖到的，就請妳向各位 key-in 說明一下吧！」

在王經理的心裡，是認為客戶的委託最為重要，不可有所延誤，一旦有所延誤，就是牽扯到賠償的問題，會變成極為棘手的問題。所以就算是全部成交也沒幾萬元的事，也是必須照規矩辦理。

不過，王經理今天不敢再約人去打球了。一定要把事情搞清楚，才能放心。

收完盤後，大家都比較輕鬆地聊聊天。

「阿武！你這幾天怎麼會有那麼多的零股在委託買賣呢？」王經理走到營業員的身邊，向營業員阿武問起。

「老大！那都是我用電腦列印出來的，效果還不錯吧！」營業員阿武得意的說。

「你是說，那個委託單都是你製做的！」王經理道

「當然嘍！」

「你的客人，幹麻買那麼多的零股呢！」王經理又問

「那哪裡是客人的委託單！都是我自己買的，我借我姐姐、哥哥、侄子的戶頭買的。」阿武仍然得意道。

「你買那麼多的一股零股，要做什麼呢！投資也不像個樣啊！」

「我哪裡是要投資股票，我是為了股東大會。」阿武道

「股東大會！」王經理有點納悶。

「對！為了股東大會。股東大會的時候，不是都會發紀念品嗎？現在客戶都

會委託營業員代跑，代為領取。我想反正要領，乾脆就領個夠，我每一家都跟它領個夠。所以，我每一家上市公司都買一股，到時候股東大會的時候，就可以當股東，也就可以領取紀念品了。」

「原來你打算這樣子啊！要那些東西做什麼呢？」王經理頗不以為然地道。

「老大！你不知道，我不但每一家公司都領一份，我還用其他的戶頭，同樣的也都買一股，我跑一趟下來，就可以有七、八份紀念品。而且是活的越久，領的越多。領一輩子，跟壽險一樣。每年的紀念品，全部領回來，堆的就快跟山一樣高了，真是過癮。」

「你領那麼多的紀念品要做什麼呢！」王經理雖然知道是個不錯的投資，但是要這麼多紀念品做什麼，而且有些根本是無用之物，他還是覺得很納悶。

「老大！你不知道，我們這一行不好做，完全要靠老天爺賞口飯吃。行情好才過的像個人樣。」

阿武續道：「所以只好動一動腦筋，現在股價，有高價也有低價，平均大概二、三十元左右，全都投資下去，領了的紀念品大概從一千多元到十幾元的都有，我晚上都拿去夜市擺攤子賣，隨便賣，收入也是不錯的，而且我也是事先講好是股東紀念品，一般人也能夠接受。每年都可以賣一次，賣不掉的還可以送人，真是自用送人兩相宜，遇到好的東西，還可以自己留下來用。真不賴的。」

「難為你了！你有這樣的頭腦，以後一定會發達的，好好加油。」

王經理有點悵然，他的員工無法從他的手上賺足夠的錢去養活自己和他的家人，必須要動腦筋到紀念品上，雖然是不錯的主意，但是執行也必須要花費大量的勞力與體力，必須每一間公司都親自去領取，而且晚上還要擺地攤。雖然是個本薄利厚的投資，但是他總是覺得不忍。

於是交代 **key-in** 組長芳琳要 **key-in** 小姐們全力配合打單，**key-in** 們雖然嘟嘟嚷嚷的，但是在王經理的淫威之下，也不敢不從。後來阿武自知理虧，在領到紀念品後，也都會挑一些好的送一送 **key-in** 小姐們，所以 **key-in** 們有些回饋後，就覺得當初的付出總算有點回報了，也覺得阿武的人，真是不錯。

可是後來，該公司的營業員，在阿武的薰陶之下，陸陸續續的也開始加入『一般大戶』的行列，他們或者自用、或者送人、或者把紀念品以更廉價的價位，賣給阿武，阿武也落得輕鬆接收。只有 key-in 小姐，一而再，再而三的被折磨。幾乎都快要待不下去了。

*　　*　　*

曾經投資過股票的朋友，大概都會知道，股票最會漲時候，就要屬剛要上市前，與除完權後價差拉大的時候了。而有人就會利用這樣的特性，把它發揚光大，然後從中謀取合法的利益。

營業員阿吉，最近紅光滿面，業績蒸蒸日上。相較於以前的委靡不振，現在的他，可說是有活力多了。阿吉之所以會業績進步，乃得力於他前陣子，忙的焦頭爛額的開戶數，因為前一陣子，一、兩個禮拜的時間內，阿吉幾乎快要開了兩千戶的客人，打破該公司的紀錄。當然他是忙的昏天昏地的，不過皇天不負苦心人，忙碌畢竟開始產生代價了。而他的業績也一直在上升了。

據我的經驗，假如營業員若有兩千個客戶的話，那他一定得多請二、三位助理幫忙才可以忙得過來，而且 key-in 小姐必須要有兩櫃以上，才有辦法應付得過來。但是阿吉可沒這麼忙，他雖然開了二千戶帳號，其實他只增加一位客人而已。那就是吳先生。而吳先生就是一般人所說的『抽籤大戶』。

阿吉靠著朋友介紹，認識了吳先生，吳先生以前是在做未上市公司股票生意的。後來便涉及上市股票。但是吳先生和一般的投資人可不一樣，他是專門做有把握的一端，也就是抽籤未上市前的股票和上市公司的現金增資股抽籤。抽到了以後，就等股票上市後，蜜月期結束後把股票賣掉。但是，如果只限於吳先生一個人的戶頭在做抽籤的話，那根本就不需要大費周章，也不需美其名叫做『抽籤大戶』了。

「要玩就玩大一點，乾脆弄個兩千戶來抽，這樣機率就會高一點，阿吉你說是不是呢？」吳先生道。

「吳先生，你想怎樣做！」營業員阿吉道。

「我最近，放出風聲，一戶兩千元，借我用來做股票抽籤。他們的戶頭，都委託我來買賣，但是我只賣不買。每個人的反應都不錯，都願意借我抽籤。所以最近我會帶很多的人來這裡開戶。」

就這樣幾天之後，營業廳每天都擠滿了人潮，還弄得阿吉非得要借用麥克風。用廣播的方式，講解開戶的程序不可。兩個禮拜下來，人仰馬翻。開戶小姐也快要被阿吉操的要離職了。

不過，事後阿吉終於嚐到努力的成果。抽籤單自動用電腦列表出來，也不用 **key-in** 小姐打單。只要事後蓋蓋章就好了。而且最近上市的公司又多，又有上市的又有上櫃的。電子新貴一大堆，抽都抽不完，當然，阿吉的業績也就是做都做不完。吳先生也是賺都賺不完。不過一般要抽籤的投資人，可就沒這麼好運了，可能是抽籤的手續費一直在繳，卻不見有中籤報告書下來。因為全省有許多的『抽籤大戶』在運作。一般的人，除非運氣極好之外，否則，是與新上市股無望的。

後來，證管會於八九年年中時，發現問題越來越嚴重，於是規定不准券商與

『抽籤大戶』配合，否則查辦。又加上股市漸漸不佳後，其中證管會又拿了幾家券商開刀，讓幾個經理人停牌了幾年，這樣的行為，才慢慢地收斂起來。但是如果以後股市再度暢旺起來，抽籤大戶們又會發明另一種新的行為來，正所謂上有政策，下有對策。野火燒不盡，春風吹又生。有利的事情，殺頭都有人會去幹的。

＊　＊　＊

【投資診斷】

以上的一股大戶與抽籤大戶，看似毫無關係，的確兩者也毫無瓜葛。但是我卻要把它們排列在一起。這個原因在於，他們都有個共通的特性，就是不按牌理出牌，專走別人不注意的方向。而且生命力都極為強韌。以能獲利為自己最大的目標。小錢有小錢的玩法，大錢有大錢的玩法。他們都會利用股市設計的缺陷，然後來謀取利益。其實這也是我們台灣人的特性，蕃薯的草根性，隨便養、隨便種都會長的不錯。正有這些人，我們台灣才有經濟奇蹟的出現。所以我們更應該發揚這種奇巧的思考與行動的能力。

8

士林夜市

老楊人住在台北的天母地區，平常下班之後，最喜歡做的事情，就是去逛逛有名的士林夜市。而隨著台北捷運的發達，現在他的足跡一個晚上可以跨及台北的三個夜市，公館、饒河與士林三個夜市。但是若把小楊當作是個愛買便宜貨、愛逛街玩耍、無所事事的人，那可能就有一點小看他的本事了。

老楊白天上班的地方，就是在南京東路上一家大約有五億資金的投資公司，老楊是那家公司的負責人。和一般投信公司較不一樣的是，投信公司成立後，設立的投資組合叫做基金，它比較是一種大眾股東結構，為大眾謀取利益。而老楊的投資公司，股東不過四、五位，其中老楊就佔了五〇%的股份。

它是一種小眾組織，而基金是一種大眾組織，和基金不同的是，它的靈敏性極高，而且組織的聯絡性極大，判斷力極強。因為就幾個人而已嘛，玩的又是自己的錢，當然利字優先了。

而基金組織龐大，有時候政策性的買賣股票，往往不得不優於利潤的追求，政府在護盤時，往往第一個關切的就是基金的持股，所以基金往往不能充分發揮它避險的功能。所以對基金操盤人而言，常常是超越大盤就算是好。所謂「基金不重成本，重淨值」正是此意。但是話又說回來，養了那麼多人，持股最多二、三十檔股票而已。如果還不能超越大盤的八百多檔股票的水準的話，那真是有虧職守。但是這種事情在有些基金上面，並不是不常見到，可是在像老楊這種人身上，要發生這種事情，那可就是天方夜譚了。

「三件一百，三件一百。」老楊走在士林夜市，擺攤販的老闆極力地向老楊推薦他的小首飾。夜市裡仍然人擠人，老楊挑股市熱鬧時，晚上還要去逛夜市，彷彿他可以從夜市裡拾獲年輕時的無窮活力。

這也是他的興趣之一，雖然現在的他已經有許多的錢，卻仍然很沉醉於年輕沒錢時，所留下來的習慣。第一花費不多，第二又可以接近社會脈動。使他不自限於自己的象牙塔裡。

「跳樓大拍賣，一件九十九元。」

「換季大拍賣，最低1折，一件不留。」

其優點。

「蚵仔煎！蚵仔煎！」

「大阪燒，大阪燒，全新口味，來台登陸。」

夜市裡叫賣聲，此起彼落，有的以低價訴求，有的以新鮮樣式為訴求，各有其優點。

老楊身在其中早已習慣箇中的技巧，和銷售的手法。自認如果當初他投身在這行業的話，應該也會是其中的佼佼者。

不過，老楊除了enjoy其中的樂趣外，最主要的還是做市場調查。這個市調也非得他來做不可，換做其他的人，可能會把最珍貴的資料，當作是廢物一般的捨棄掉。

老楊找了一攤人多的要命的小吃攤子，一屁股坐下來。老楊道：「老闆，來盤蚵仔煎，外加一碗豬腦湯。」等到兩樣菜都上桌後，便慢慢的吃起來了，就聽到隔桌的兩位中年人，談起天來。

「最近股票，開始要飆了，真是好賺。你也應該多注意一下。到時候，別說我沒告訴你進場時機。」

老楊聽在心裡，並不做聲，後來又三三兩兩的客人，談起股票。老楊依然聽在心裡，並不做聲。就這樣老楊換了幾個場所，同樣聽到零星的人談及股票。

換了另一個場所，老楊道：「老闆，生炒花枝一份。」老楊仍然不改年輕時的大肚量，卻不見他有小腹，這得歸功於他從三十歲起就勤練太極拳，如今百病不生，生命力之強猶勝年輕之時。他邊吃仍然邊聽其他桌的客人，是否有人談起股票，答案仍是三三兩兩、零零落落。

老楊逛了半夜，終於拖著疲憊的身心回家，到家後再把今天的股票籌碼，重新統計一遍，心裡已有一個譜，知道如何操作了。洗了一個澡，便倒頭到他的蓆夢思名床睡了。

明日開盤前，老楊便已先聯絡好他的股東，把他的投資建議先向他們說明，之後，便打電話給他的營業員。「威盛二五〇元，開盤價加碼買進五〇〇張，如果二五〇元沒買齊的話，其餘的用市價買進。」老楊聽完營業員複誦完，就掛掉電話，作風乾脆，不需要他人的建議、也不需要向他人講述理由。

後來果真威盛一路狂飆，股價一度高到達六二九元。

兩個月後，老楊又故技重施，到夜市裡逛逛，這次光是走在他身邊的人，十之八九都在談論股票。所以，這次他決定不再續抱股票了。在股價由六二九元回檔到五六六時，把手上持股的威盛一五〇〇張全部依此價位賣光光。後來威盛股價果真，一路下跌到一三〇元附近。不過，老楊有個習慣，就是他既然已經賣掉的股票，如果還漲的話，他可能會追回來。但是，如果下跌的話，他就比較不關心再度接回來的問題了。因為他永遠向前看。

* * *

【投資診斷】

老楊很神嗎？當然，他的確是一位洞悉人性的好手，他除了會把投資股票運用到籌碼的統計之外，他有一套很好的賣出股票的方法，就是隨時做停損。股價走到哪裡，停損也隨時走到哪裡。加上活用擦鞋童理論（當擦鞋童都在注意股票的時候，也就是股票最高價的時候，因為買不起股票的人都在注意股票了，下一個買家會在哪裡呢？）於夜市當中。

老楊走在夜市裡，如果談論股票的人不多，他還比較放心；等到夜市裡人人在談股票，歐巴桑也談，學生也談，他就覺得股價應該要回檔了。因為推動股價的量能已經不夠了。

真是一針見血的高見啊！

9

不變的神話

老愛有個朋友叫做老那，和老愛可是幾十年交情的老朋友了。當初之所以會認識。完全是因為他們兩家在上一輩的長輩時，就走得很近的關係。他們兩家在三十八年政府遷台時，隨著政府來台。

聽說兩家都是清朝時代的滿族後裔。當然他們的姓早已漢化，不是姓愛和那，但在家裡，仍然要堅持使用本姓就是愛心覺羅與葉赫那。所以我還是在私底下叫他們老愛和老那。後來，來台後也相互扶持，唯一不同之處就是，老愛他家來台時是從從容容的，管家傭人一個也沒少。而且還帶了不少的寶貝來台，當初只想在台北住個幾年就回去了，所以，大部分的財產都轉匯到海外的親戚處，他們家的財力在海外更是雄厚。只留十分之一左右在身邊使用，但是就那十分之一而已，也是夠嗆人的。如果老愛家只揮霍不生產的話，也夠他們吃三輩子的。

但是老那家可就沒那麼好了，東北淪陷給日軍時，他們的家當都擺在那裡，老那家裡人也只有幾位跑出來。後來又經過國共的戰亂，輾轉來台時，手上已經剩下不多銀兩了。幸好在來台灣時，幸好碰到愛家，愛家看在同鄉的立場，倒是在來台以後，時常接濟那家，半年一年的一出手，也就是大概我們幾年的薪水差不多吧，請傭人是不行的啦，不過，安身立命倒也混得過去。

而我認識老愛，完全是機緣，現在也是好朋友了。那一天，老愛沒事帶著老那到我的辦公室來，於是我又多認識了一位滿族的後裔。

言談之下，我才知道原來老那也和老愛一樣是擁有博士學位的人。而且還是醫學權威，兩位的學問，比起財富更能讓我佩服，因為財富是身外之物，別人隨時有可能奪走，但是學問、智慧可不是一般人就可以拿得去的。它是隨著你的身體、你的頭腦，永遠跟隨著你的。三人相談之下，大為暢心。真高興有老愛這樣的朋友，他是位不定時會創造驚奇的人。

有一天，上班時間，只見老那自己跑來我的辦公室，見了面就道：「黃經理，聽老愛說，你對股票的看法，和外面一般的分析師、投顧有很大的差異性，有自己獨到的看法，能不能讓我也聽聽看，長長見識啊！」說完自己就一屁股做到沙發裡。一臉要看你表演的樣子。我聽到忙著招待，說：「媳婦熬成婆，我也是從最基層的股票營業員，一路幹上來的，總共成交了二十三萬筆的經驗，再加上幾年前學了太極拳，發現如果用太極思想中的『捨己從人』，去做股票的話，更能得心應手，所向披靡。所以；後來都只專注於研究太極拳的理論。太極拳也打的好，也發現股票操作的手法有相當大的進步。」

「原來是老祖宗的東西。」老那聽了不禁感嘆道。

看他的樣子，彷彿又回想到他在東北的家，他道：「你能從太極這裡，研究出屬於自己股票的東西，真是難的。」表情流露出對以往事物的迷戀，彷彿親近卻又遙不可及。如同他的姓葉赫那一般，滿清的後裔卻在台灣當執業醫師，而他的兒子卻又滿口台語，說的比滿族話還好，甚至比國語還好。如同一場時空扭曲的鬧劇，真不知千百年來，在他身上流動的血液，是否又要重新適應亞熱帶的環境。

又聽他續道：「不過我看我可沒那麼大的功夫，我的投資可不用那麼複雜，卻也從來不失誤，這幾十年就靠這樣生存下來了。」

「有這麼好東西！」我聽到不禁一時技癢，急欲知道內容道：「趕快也講出來，給我分享一下吧！」就聽老那道：「我家來台之時，手上的錢已經用的差不多了，全靠老愛他們家的接濟，才過得像個人樣。不過靠久了別人；骨頭總會懶散下來，所以我家老爺就開始作起糧食生意來了。總想再回復以前光榮的家族歷史，後來知道沒法靠單槍匹馬，就能成就家業，心思改變了，野心也跟著縮小了。之後，一心一意想從下一代打好根基，也就是要從我家三兄弟開始做起，讓我們都受到良好的教育。所以，我家三兄弟都是到外國讀書去了。剛開始時父親的擔子很重，後來我父親與一位國大代表聯繫上，慢慢的生活就開始好轉了。之後我才知道，原來都是靠投資股票，聽明牌取得的財富。尤其當政府要做多的時候，那位國大代表都會叫我們先買，每次都是收穫頗大。」

又道：「我們三兄弟到國外留學的學費，也都是靠這樣賺來的，所以我們家很少在玩股票，但是玩的時候，卻沒有一次是輸的。」

我不禁說道：「如果早十年認識你，我現在一定就發大財了。」

老那道：「現在你認識我，也不會太遲啊！」

「那當然，以後有機會還請多多提拔。」話雖這麼說，我心想以後可能沒有機會了。

*　*　*

【投資診斷】

民國三十八年到八十九年，這段時間台灣一直都在國民黨政府管理的時代。從戒嚴時期，到後來解嚴時代。這中間可說是政府幾乎什麼都管，經濟亦是如此！所以股市對他們而言，更是要漲就漲，要跌就跌，更有許多有內幕消息的人配合政府的走向，也都因此大賺了一筆，但是這個方法，到了民國八十九年以後，就必須要保留一下了。政府開始輪替了，由完全沒有財經經驗的民進黨執政，而且舊勢力隨時準備要反撲，國家的股市就由最高點的一萬多點，跌到最低的四四七四點。新舊政府交替後，以後的局面會是如何，很難預測，所以老那的辦法，可能因為人脈的斷層，而沒辦法再用了。以後，我們的經濟會在政治輪替下如何走，沒人會預測。不過倒是有個國家，和我們蠻類似的。那就是日本，日本怎樣走，我們如果無法改變的話，也會重蹈覆轍。

10 支撐與壓力

「吳先生，你幫我看看，友訊的支撐在哪裡。」投資人芷玲打電話向營業員吳先生道：「我想買這支股票，不知道它的線型好不好；我看報紙說，網路生意很發達，它是做網路的公司，我想大概錯不了。你能不能幫我看看，它在那裡的價位，最適合投資。」

芷玲已有二年的投資經驗，人很客氣，不過對於投資的事情，她還是認為，找專家會比較實在一點。所以，她買股票還是會先徵詢一下，最靠近市場的從業人員的意見。

「讓我來看看它的線型！友訊這支股票壓力在五十元，支撐在四十八・五元附近，在那裡有它的季線和月線糾結在一起，現在的股價是四十九・五元。你可以把買價設在四十八・五元的附近。現在大盤不好開高走低，等一下股價應該會拉回來，你大概就可以買得到了。」

營業員吳先生以非常專業的口吻，以非常專業的K線分析，告訴芷玲它應該買的價位，而芷玲得到如此的專業的建議，也做了買進的決定。

「好吧！就依你的建議吧。在四十八・五元買吧，不過你認為我是一次全部買進十五張，還是先買五張，留十張等到股價有回檔的時候，再做分批買進。兩者之間那個比較好呢？」芷玲依然把她的買進數量，向她的「專家」請教。

「當然是全部買進十五張最划算的囉！買在支撐點的股票，還怕它會跌嗎？不要自己嚇自己；不要怕，我挺妳，技術分析的季線、月線也都在挺你，勇敢的給它買下去吧！」營業員吳先生有點像在街頭賣膏藥一般的口氣，在推銷他的觀念，也順便顧及到了他的業績。

芷玲受此激勵，也就完全聽從專家的話，買進十五張的友訊以它的季線支撐價四十八・五元成交。可是一個半月後，友訊的股價仍然一路下滑，最低曾經到二十七・一元的價位，足足少了，將近五成的金額。

「吳先生，我們的友訊股價，怎麼會這麼糟糕呢！」

芷玲忍不住了，終於在一個半月後，打個電話給營業員吳先生，問他是否知道出了什麼事情。

「大環境不理想，投資人縮手觀望，也要怪我們政府護盤不利了，而且大盤一直在跌，當然個股也不能倖免，我建議妳不如放棄，換一支個股吧，我現在在注意IC設計的威盛和瑞昱，它們可都是以後的飆馬股喔！」

營業員吳先生很專業的回答道，並且順勢的推薦其他的股票給她，可是芷玲小姐，手中的十五張友訊，到現在只能換二張不到威盛，你想她會捨得換嗎！

＊　＊　＊

「早！趙小姐，妳幫我看看威盛這支股票，它的壓力到底在哪裡。」

投資人黃先生親切的問候道：「我的威盛，自從上次買到一八〇元的價位後，現在已經是二〇五元了，也足足賺了一成多的價位，如果上面有壓力的話，我們就先跑一趟，股價拉回來後，我們再把它接回來，你說好不好。」

「黃先生，您真是洪福齊天，威盛大賺錢，改天你請我去吃飯，我再請你唱個歌，您覺得怎麼樣？」

營業員趙小姐，別的本事沒有，應酬交際可就沒話說的棒。

「那沒問題，不過總得賺個飽，唱歌吃飯才有勁吧！」黃先生仍然想以正經事為重。「說正經的，威盛的壓力到底在哪裡，可不可以告訴我。」

「好吧！待我把電腦轉換到它的K線圖上去。」趙小姐無奈的轉換電腦。「代號二三八八是吧！威盛現在股價二〇五元，唉呦！二一〇元就是它的壓力，因為週線在上面，我看您今天最好把它用二〇八元賣掉，那你就獲利了結。然後明天我就有空，請您吃頓飯，咱們再邊吃邊聊，你覺得怎麼樣！」趙小姐迷糊當中，可沒忘記她的能力擅長在哪裡。黃先生聽了也是受用無比。

「好吧！既然妳看壓力在二一〇元，那我們就押在二一〇元好了，賭一賭，會不會成交，若是成交了，等到它遇壓力過不去，股價拉回來一九〇元附近時，我們再把它買回來，你覺得好不好。」黃先生隱隱覺得不妥，但是就是說不出哪裡不對勁。

「我還是很喜歡威盛，我知道它是個很賺錢的公司，我希望能一直擁有它。」終於說出他的感覺了，也道出他覺得不對勁的原因，他的心底認為威盛不可能只有這個價位而已。

不過，他也沒答應趙小姐的邀約，但是他卻知道，除非有什麼意外狀況發生，否則他是不會亂換營業員的啊！

結果，當天威盛的股價就在黃先生掛出賣單後，沒多久就直奔漲停價二二〇元，當然黃先生的股票也成交了，還賣二一二的價位，不過，他倒不是很開心就是了。

因為半個月後，威盛的股價直奔到三四〇元的價位，可是就是沒有再回來二一二元的價位。好像壓力有點失靈。而黃先生的投資哲學就只有逢低承接，所以他也沒有勇氣再用更高價買進。

經過這次的教訓，他對趙小姐的做法，稍微有點改變。也就是不再向他問及股票內容的事，而直接以親切又命令的語氣下單，如：「趙小姐，請幫我買進瑞昱五十張、市價、現在進。」等。

空閒的時候就約約趙小姐，喝喝下午茶、聊聊天，跟漂亮又懂風情的小姐，喝茶、聊天，可是每個男士都會欣然接受的事情啊。

而在趙小姐這一邊也落得輕鬆愉快。只要吃吃喝喝業績就一大堆，業績排名在公司裡也高得很，也從不需要知道股票的支撐與壓力到底在哪裡。

＊　＊　＊

【投資診斷】

證券公司在訓練營業員的時候，除了專業的職務訓練和客戶開發外，更多的著墨都是在股票的分析上，從基本面到技術分析，都是不可或缺。尤其是技術分析，更是注重，真的是一個笨師傅教出一大堆呆徒弟。

電視上的專業頻道，更是火上加油，投顧裡的分析師，更是擅長作秀與技術分析。技術分析往往有個特色就是事後諸葛亮，事後分析都很準，但是確實執行的時候，卻是變數一大堆，短線的W底，可能是另一個長線的M字頭，用波浪理論解釋不通的話，可以改用時間係數，或者是用黃金切割率去湊。反正名堂多的足以讓你眼花撩亂。

還有人改變MACD、RSI，或KD值的設定時，然後也不經過印證，就套上去，成為獨家的獨門絕活，在市場上呼風喚雨。

但是，我不是叫你完全不要去用技術分析，而是有方法的使用，至於如何使用因為實在牽扯到太多的細節，不是三言兩語就可以解釋完的，有興趣的讀者，可能先要去坊間多看幾本專業的技術分析書籍，然後再看我的《突破股市瓶頸》一書中的活用技術分析篇，才會有所了解，技術分析該如何使用。沒辦法，學問也就如此做出來的，一分耕耘，一分收穫。

最終的精神，在於告訴各位讀者，線型是人畫出來的，但是，股價可不是由人可以決定的；它是由它的「勢」決定方向，很多人想利用技術分析的技巧，多賺點額外的差價，卻往往見樹不見林，被軋空或者只賺點蠅頭小利，成為股市的大輸家。

11

加碼攤平

在台北的一家貿易公司裡，小張是一位新進的工作人員，而他們那一家貿易公司裡，正是從事食品加工機器的進口商，老闆當初一人創業，懷著雄心壯志打天下，從國外引進了許多的機器，讓食品包裝更能快速，與方便。

這個 idea 也讓他成立了一家規模不小的公司，當他在擴充的時候，老陳就是那時候加入陣營的，一待也快二十餘年了，成為一個小主管。

某日，老闆外出應酬，公司裡一片歌舞昇平，大家也都心情輕鬆起來。

「小張，我的經驗告訴我，股票市場就是起起落落，起漲的時候，漲多了，就會跌；下跌的時候，跌久了，就會再漲起來。」老陳向新來的同事小張，在他們的公司閒餘的時間聊起天。

「不要把股票想得太難，人家愈是覺得難的事情，我做起來愈是簡單。像我什麼大風大浪都經過了，這股票算什麼，對我來說，一點也不稀奇。」

「主管，那你都是如何買股票的呢？」小張初生之犢，向前輩學習問道。

「很簡單，我就是用二分之一法而已，也就是當你看好股票的時候，只用你手上的現金的二分之一買進，賺了就跑，不要加碼，落袋為安。」

老陳得意的回答說：「若是賠了，我也不會賣，等到股價拉回差不多的時候；再用剩下的二分之一現金再買一次，那時候我的持股水位，就會很低，股價上升時，很快就會解套了。到時候賣掉股票也是能賺錢的。」

小張以為會聽到什麼精妙的高論，原來只是如此。

「如果股價繼續往下跌呢？市場那能完全照著我們的預測在走。」小張乾脆打破砂鍋問到底，不過「主管」二字倒是省略起來了。

「那就更簡單了，你不是已經沒錢買了嗎？證券公司有錢啊！等到股價真的已經跌無可跌時，把股票賣掉，用融資再買回來，而且可以多一倍數量，這樣不是有兩倍的持股了嗎？」

算準了小張定會如此問，老陳更得意的道：「等到股價一反彈，很快就會賺回來了。」

又續道：「像去年我看好 Drem 股，我就買茂矽，我在五十五元買了五十張，可是股價一直在往下掉，於是我在三十五元的時候又買進五十張；後來被新政府擺了一道，換閣揆，股價一路無量跌停，等到跌到二十元的附近，我把它換成融資，加倍買回來，現在共有二〇〇張的茂矽，股價今天已經是二十七元，再過一陣子，我就可以全賣了，雖然賣價比當初買時候的五十五元還低，可是我卻是能賺錢的，奇妙吧。」

「主管你真神！果然薑還是老的辣。」

小張由衷的道：「下次你再買股票的話，記得要通知我呦。」

* * *

【投資診斷】

如果老陳下次通知小張的時候，可能會是他們倆人以後的芥蒂也不一定。老陳的做法，可說是對也可說是不對，對的是他有『雞蛋不要放在同一個籃子』的觀念，因為他會分批買進股票；不對的是，他又把雞蛋放在同一個籃子裡，把全部的資金，全部押在同一支股票上面，而且還借證券公司的雞蛋來放。如果股價不是上漲的話，到時候斷頭可能就血本無歸了。

股市俗語說：「加碼攤平，愈攤愈平。」能熬的住股價長期虧損不會賣的人，沒有幾個。而且都是屬於長期資金閒置的人，而向證券公司融資買股票的，必須要在一年之內賣掉，因為一年就是短期融資的上限，萬一股票一年之中沒上來，可能的虧損，就很難預估了。股價的損失與融資的利息，都要一併結算，讓投資人以為賺錢的買賣，最後反而因為利息的支出，變成虧損。

所以說加碼攤平，千萬不要用融資，一定要用自己的錢，不要用借來的錢，或者只能短期使用的錢。

而加碼攤平的做法，本來就是一件不對的觀念。市場股價的上漲，是因為有買方大於賣方的趨勢，在追逐價格之際，使得股價上揚。而股價之所以下跌，就表示買方的力道小於賣方。

去繼續持有這種股票，甚至加碼持有，不是愚蠢的行為嗎！這牽扯到的就是動能的問題，各位永遠要記得，股價的上漲，與該公司的業績絕對不是成正比的關係。而是與該股的金錢動能和整個市場的金錢動能有關。

個股的業績好壞，是與該公司的一年一度的除權除息有正比的關係，而股價是和買賣雙方持有的意願成正比的。一個是賺錢的生意，一個是錢與錢交易的生意。

12

多空皆如意

老王又向他的同ＶＩＰ室客人阿國炫耀道：「你看！早叫你作空，你偏不做，現在股票套牢了吧！你如果一直沒有交易量出來，難保你不會被黃經理趕到大廳去看盤。」

證券公司除了大廳可以看盤買賣之外，都另外有獨立一間間的貴賓室，也就是ＶＩＰ室，專供進出較大的客戶看盤下單，比起大廳的人擠人，搶著用單機來說，在貴賓室裡的確是要舒服的多。當然這也是要有一些業績標準的，畢竟羊毛是出在羊身上嘛！

阿國也回答道：「我就不信黃經理這麼無情，我看它們的客戶愈來愈少，好像都受傷出場了，他拉攏我都來不及，怎會趕走我。」

話轉回來，又續道：「不過老王，我看你操作這麼靈活，多空都會做，到底有什麼秘訣，好歹也教教我嘛！」

「早問的話！我不是就早說了嘛！何必等到現在呢？」

老王得意洋洋的道：「這股票要比賭錢，還要有趣的多。如果只是『賭』，贏的時候氣盛，就要敢衝敢做，而輸的時候氣弱，就要收，捨得收，青山不改，綠水長流。但是股票就不一樣了，兩者都可以做。氣盛的時候就衝，氣弱的時候就放空，兩者都可以有獲利空間。真是天下第一好玩的東西。」

「真是太厲害了！高竿的見解。」同一室裡，另外一個客戶小鄭聽了十分佩服，也加入了談話，把沉悶的股市丟到一旁去。

「那你還不趕快，透漏一下方法，好讓我們也學習、學習，王老師。」小鄭畢竟有些諂媚地說

「但是這個技巧，你們不要向外宣揚喔。技術分析一旦使用的人多了，也就失靈了，因為大家預期有壓力的話，價位還沒到時，股價就會回檔；大家預期有支撐的話，還沒到它就會反彈。好東西，若知道的人太多了，反而變成毫無用處的廢物。」

老王鄭重的說：「所以知道以後，自己利用就好了，不要再告訴別人。」

小鄭與阿國都點點頭，非常認同老王的話，也搞清楚了股市原來就是人吃人

的市場。自己佔有就不能給別人佔有，是有福不能同享，有難最好同擔，或者騙別人進來擔的市場。

「首先要從選股上著手，要選定中型股，尤其是當今的主流股更好，但是股本千萬不要太大，像台積電、聯電就不要了，應該像是鴻海、威盛、兆赫、寶成等有題材有量的股票。」

老王開始打開電腦螢幕，指導起來道：「注意它們的均價線，像我只取其中的六日線和十二日線兩條，其餘只留年線和半年線作參考。如果六日線向上突破十二日線，再配合成交量大的話，就是我的買點；而如果六日線向下交叉十二日線的話，當天也就是我的賣出點，若價格再上揚，無量配合的話，就會是我的放空點。買賣多空都會做，不要侷限自己的範圍。所以，我是天天都很忙的，有很多事可以做的。」

續道：「你們看我永遠悠遊於股海裡，長期受黃經理的照顧，哪像你們有行情的時候，來這裡坐坐，沒有行情的時候，就在家裡坐坐，多麼浪費人生。」

小鄭與阿國，聽君一席話之後，都彷彿茅塞頓開，欣然點點頭，決定明天開始股票就照老王的方法去做，選主流，照著均線做。

果然，從此以後該間ＶＩＰ室，業績勇冠該分公司第一，遠遠高於其他ＶＩＰ室的業績量，活力也充滿了該間ＶＩＰ室。後來其他間ＶＩＰ室客人，也都去打聽看看，知道的人也開始這樣的做法，使得該公司的業績量節節上升，ＶＩＰ室裡也熱鬧非凡，活潑異常。

有一天，小鄭經過經理室，看見黃經理憂心忡忡，於是就趨近去問：

「黃經理，最近業績蒸蒸日上，為什麼愁眉不展呢？」

黃經理堆出笑臉回道：「業績上升，我高興都來不及了，怎會愁眉不展呢！我是在想業務開展的問題，沒事、沒事來喝杯茶吧。」

小鄭一聽，知道他是為他的經營在傷腦筋，覺得幫不上忙，也就又回到自己的ＶＩＰ室廝殺去了。

其實黃經理擔心的正是業務的擴展沒錯，他擔心：『這一批ＶＩＰ室的客人，都出場的話，他該如何再開發新的客源來彌補上呢？』

*　　*　　*

【投資診斷】

股市之中，若是有多空都在操作的，還不如去玩期貨會好一些，至少是一個比較公平的制度，而以這種模式去玩期貨的人，期貨市場上稱之為「投機者」。因為他在期貨市場上只有「發現價位」的功能，而沒有避險者的避險功能。所以如果在證券市場也是多空都做的話，也是屬於投機者，而且，其難度比期貨還高很多，平盤以下還不能放空，借券費有時還會飆漲，所以早晚必定出場。

多空都作，容易失敗的原因在於：

第一，多空都做是很容易混亂思緒的，因為這兩者的方向相反，做法完全不一樣。做多者順勢買進，勢弱時停損賣出。勢再來時再買進，但是可能的價位會比當初賣價時還高，這是無所謂的，因為股票是看明天還會不會漲，作為買進的依據，要知道賺錢也是要賺明天以後的賣價。但是以前賣掉的，不管賺或者是賠，那都已經是過去的事了，是無法再重來的事情，所以做多者的心態上，以明天會不會漲作為買進的依據，這就是買股票的精髓。

而作空者，在市場的遊戲裡，必須要被短軋（因為平盤以下不能放空），所以你放空的股票，其實都還是在盤上的股票，它是屬於較強勢的，而等到它股價開始回檔的時候，才是開始收穫的時候。

若這兩種一合併在一起，就會產生對股票判斷的價值變化，站在多方覺得小回檔後會續漲，但站在空方，可能覺得這是唯一的空點，再來可能在盤下，而不能放空。就是這樣矛盾互相衝擊，常常會做錯邊。

第二，其實所有的客戶，都是希望股票是上漲的，股票如果一直跌的話，那它的機能，吸收市場的資金從事生產，就會失去。也就是說會沒人要買股票。比垃圾還糟糕，垃圾至少不會害人賠錢，下跌的股票卻是會的。而融券放空者，也會因此而沒有券源，也不用再放空了，所以融券者只是市場裡面的一個小小反插曲而已。多空兩者都做，就是搞不清楚立場，自己打自己嘴巴罷了。

13 西瓜靠大邊

吳太太從小就受到周遭人無微不至的呵護，從讀書、交友、嫁人一切都有人包辦她生活的一切，從小就好命到現在，卻養成了她凡事依賴的個性。她是個比較沒有主見的人，生活中的大小事都比較喜歡經過他人的認同之後，才會覺得有安全感。所以一件事情的決定往往比做還要花更多的時間。

「老爸，我昨天看到一幅畫很棒，是一幅瀑布的國畫，我很想把它買回來，掛在我們家的客廳牆壁上，你覺得怎樣。」

吳太太暱稱他的先生，詢問他的意見。

「好啊！我也覺得客廳該有一幅畫，來襯托、襯托。」吳先生回答說。

「兒子，我去買幅畫，掛在客廳，你覺得怎樣。」吳太太看到兒子也順便問上兩句。

「沒意見，隨便妳啦！」吳小弟說。

家裡三票都同意，於是吳太太決定，明天就把它買回來掛上。

隔天出門正準備要去買那幅畫，剛好碰到鄰居要出門的張太太。

「張太太，我去買一幅瀑布的國畫，把它掛在客廳，你覺得怎樣。」於是又問起張太太。
「你覺得怎樣」這句話，久而久之已變成吳太太的口頭禪了。
張太太一聽，馬上就說：「我聽風水先生說，瀑布的畫，那是大起大落哩！而且水如果是流向門口那就是漏財，還是不要亂嘗試的好。以免家裡漏財。」
吳太太一聽，美感如果和漏財比起來，根本算不了什麼，不管到底是真還是假，寧願信其有。馬上就打消買畫的念頭了。不過，她現在又有個新的問題產生了，就是該如何向他的老公和兒子解釋她的善變呢！
而偏偏吳太太又是個喜歡玩股票的人，每天晚上別人在看電視的時候，而她卻是在看股票節目的頻道，喜歡到只要一開電視機，幾乎就是鎖定在那專門性的財經頻道裡。家裡的電視，總是她和兒子、老公在搶，後來她兒子在他自己生日的那一天，買了一台電視給她。
「今天是我的生日，也是母難日，我考慮再三，決定了一個互蒙其利的好辦法，就是買台電視給你，這樣我們兩個都有利益，以後媽媽您就可以一個人專心的看股票解盤，用不著和我們一起搶電視看了，您說，我對您好不好。」她兒子向她說道，從此之後，他們家就解決了一大半的電視糾紛。

自從股票從一萬點跌到五千點。已有漸漸跌不下去的感覺，吳太太天天在觀察也察覺到，彷彿股票市場就要反彈回升了，但是一直在困擾她的問題就是，該買哪一個類股，或是買哪一支股票。這天她終於按奈不住火熱的心，決定到證券公司去看看，到市場去問問朋友，他們現在到底買些什麼類股。早上一到證券公司也發現，一些老面孔都出現了，於是抓到人就開始問。

「陳小姐，有沒有什麼明牌。」

陳小姐道：「我最近買一些營建股。」

遇到老王也問起：「王先生，有什麼股票可以買的。」

老王回答道：「我自己買矽統，茂矽和威盛。」

又碰到呂太太問道：「可不可以介紹一些類股讓我買呢！」

呂太太道：「銀行是每次反彈的主流，跟我買銀行股，就沒錯了。」

大半天問下來，她的朋友沒有一個是同樣意見的，雖然知道要漲，但是要買哪一個類股仍然是霧裡看花，所以一直呆到下午一點三十分收盤。仍然一張股票也沒買。心裡也著實慌亂。

於是又回到家裡，更用心的看電視、看道瓊、看NASDAQ、看外資，非凡財經電視台看了又看。就是遲遲不敢下手，就怕像前一次一樣鎩羽而歸。但是，股票漸漸也從五千點反彈到六千點，在有一天，眼看今天股市氣勢如虹，就要突破六千點的時候。

她終於再也忍不住了。也下手買股票，因為還不確定她要買什麼，所以她就買最具代表的電子股裡的台積電，以一〇五元的價位買進了二十張，可是天不從人願，從此台積電又開始走弱，一個月後她發現台積電的股價剩下八十三元的時候，她就覺得似乎股市是跟她有仇似的，只要她買了股票，就註定要跌價。可是她就是想不透，為何她如此用功的做功課，還是會投資失利呢？

* * *

【投資診斷】

選舉是以選票的多寡，來決定誰當選。但是投資可不是靠人多就會賺錢，而是靠供需來決定股價。如果像吳太太這種隱性的投資人都出籠的話，那大概就再也沒有需求者了吧，像這時候就是供給大於需求，而唯一的解決之道，就是股價下跌才能再滿足市場的需求。

所以千萬要小心，看看自己是否成為別人的最後需求者而不自知。也就是所謂的最後一隻老鼠。而扮演的是什麼角色，不是靠人多，西瓜靠大邊，就會贏。西瓜靠大邊，只是多了一份人多的安全感，卻讓自己陷入更大的危機裡而不知。如果平常沒有對產業有深入的了解，只是看報紙，了解市場是否熱絡的話，那往往自己就是一隻市場的待宰羔羊。

所謂『一窩蜂時就是行情結束時』，正是此意。

14

變!變!變!的策略

「張小姐，你又來做ＳＰＡ了。」

李媽媽熱情的招呼著：「來來來！這裡有個位置給你沖水。」

台灣這兩年開始流行起水療、ＳＰＡ起來。這個ＳＰＡ讓一些不愛好運動，或者不能運動的人，都有一個可以舒筋活血的活動，而且台灣的水療館裡，還有很多是有提供藥浴、三溫暖、溫泉池的，聽說可以養顏美容、塑身健體，更是吸引許多的女士留連忘返，所以全台灣就有一大堆的水療館應運而生。

張小姐微笑表示感謝地道：「謝謝你！我最喜歡這種四面都可以按摩到的ＳＰＡ了，直接沖頭或者沖肩膀的水壓太強了，我比較吃不消。」

「沒什麼啦！我現在要去泡草藥池，等一下我們一起去蒸氣室，蒸一蒸出出汗，作三溫暖吧！」李媽媽道。

「好啊！待會妳泡完了，你叫我一下，我們就一起進去，我會一直待在這裡做水壓按摩的。」張小姐一面調整身體以便讓水流能按摩到肩膀，一面回應道。

以前二個互不認識的人，因為常來這裡作ＳＰＡ。久了，也就慢慢熟識起來了。

「說正經的！」

李媽媽道：「你這麼年輕！怎麼會有空常來這裡呢。」

兩人進入蒸氣室後，透過玻璃往外望去，外界的人好像變得模糊起來，而且也出奇的安靜。有種出世的感覺。

「我以前是做PUB生意的，後來生意愈來愈好。就有人想要頂去，我想好啊！落的輕鬆，就以五倍的價錢，賣掉其中的八成股份，自己留兩成。當個沒事的股東。」

張小姐道：「後來覺得太無聊了，又到台中中港路去開了一間類似的PUB，沒想到生意竟然比台北的還要好，後來也一樣把它給頂出去，也是五倍的價錢，賣掉八成股份，自己留兩成在手中。所以現在人沒事，有別人幫你打拼，賺的錢也是多賺的，自己的早就賺回來了。因為現在沒事做，就偶而到這裡，坐一坐出出汗，當作是運動。」

說著，不禁微笑的看著玻璃窗外，那無聲的人生，如同是另外一個世界。彷彿自己天生就比他們優秀，別人忙忙碌碌一輩子，自己卻早已經在享受人生了。

李媽媽聽了，真是羡慕。比起自己，公教人員退休，人老了，領了退休金後沒事做，來這裡打發時間要好的多了。

「那你還這麼年輕，就沒事做，不是太可惜了嗎？」李媽媽倒是有點可惜的問到。

「怎麼會沒事做呢？」

張小姐回答道：「我每天都在家裡看股票，這是我發現的另一個新的寶藏。」

「股票是聽了幾十年了。」李媽媽說道：「不過一直沒有去接觸，所以也不了解，像妳這麼能幹的人，作股票一定很賺錢喔！」

「如果你已經幾十年都沒玩過股票。」張小姐道：「那你就不要玩了，股票比較適合心臟強的人做的事。」

李媽媽心裡有點不服輸的道：「那要怎樣，才會賺錢。」

「股票有時要抱著，有時要急著賣掉，箇中的技巧說不完，但是重點就是一定要會變，就跟我做生意一樣要變，要捨得變，變得好的人，才能存活，變不好的人，就會虧錢。一定要記得就是要變、變、變，不斷的變化，就是玩股票的真諦。」

李媽媽，一聽與自己的個性完全不同，不免覺得有點無趣。不過張小姐話匣子一打開，就關不住了。就聽到她繼續說道。

「不要怕股價太高，投機一點也沒有關係，一定要順著主流玩，一天玩幾趟那才過癮，就像做腦筋的SPA一樣，舒服快活極了。」

李媽媽聽了不服的說：「那如果套牢了，怎麼辦？」

張小姐道：「我做股票，哪裡會套牢！我都選強勢股，衝來衝去，好玩極了，只有一次不小心跌了兩天，不過第三天一樣，又開始漲了，最後還不是賺了。套牢的人，都是因為不是選強勢股買賣的，那種事不會發生到我的身上的。」

* * *

【投資診斷】

張小姐可能做生意很靈活，從她經營PUB不斷轉換，見好就收，就知道是位生意行家。知道要在最好的時候出售她的商品，所以，她也把同一套手法用在股票上。這個手法在股市裡是一個非常對的操作策略，已經有八成的勝算了，但是如果她完全以這個方法去做的話，仍然是會吃虧的。

投資股票，一定要記得必須有一套不變的策略，該進場的時候，絕不猶豫；該停損的時候，也絕不手軟。而不是只有順應潮流來變化而已，如果我是李媽媽的話，一定會再加一句：「假如你真的套牢了，你該怎麼辦？」這樣正可以讓張小姐檢視自己的操作策略上的漏洞。也就是「停損」的課題。

15 消耗太多時間

「財政部長顏慶章，宣佈從九十年一月一日起，台北股市延長交易時間，由原來的三小時，改為四・五個小時。由原來的十二點收盤，改為下午一點三十分收盤。」

中視午間新聞報導，正以大篇幅的報導股市將延長交易的消息：「據財政部長顏慶章表示，日後，不排除將繼續延長交易時間到下午三點，以求得與全球股市同步，為台灣加入WTO做暖身準備。」

小蔡看到這裏，心裡頭隱隱約約的覺得有種不舒服感，因為他目前剛從原先的工作退下來，仍然在待業中。所以趁有空閒時，常常串號子（券商），幾趟股票買賣下來，收穫頗為豐富。正想外面的工作如果持續找不到的話，倒不如就以買賣股票為生，也不失之為一個安身立命之道。而且時間又短，半天而已。下午還可以從事自己的事情，甚至兼個副業也不錯。

沒想到財政部宣佈將延長股市交易時間。到時候，他可得要帶便當到號子裡去吃午餐了。而且其他的事情大概也無法兼顧了吧。

時間民國九十年二月某交易日。

「唉呦，真是無聊，股價盤整，多空兩頭都很難做，做多不會漲，作空不會跌，時間又長，又放心不下股價，眼睛盯著大盤看了四、五個小時下來，真是受不了。」隔壁座位的老王忍不住對小蔡抱怨道。

小蔡也立刻回應道：「的確不划算，為了一百多萬元，每天坐在這裡，給輻射照四、五個小時，還得自備午餐，有時候不小心，還得賠上不少錢，真是勞民又傷財，一點也不划算。」

小蔡還邊講邊揉他那疲勞的眼睛：「我看我還是找個時機，把股票脫手，找個基金擺著算了。」疲憊的結果，兩眼都是紅絲，彷彿熬夜一般。

「可是台灣的股票型基金太多和市場的主力掛勾，甚至現在還有與陸資，外資掛勾的，而且還要配合政府的政策，股價不好時也不能跑。難保不會當個替死鬼。」

老王憤憤不平的說：「雖然有些已經很出色，但是總覺得它的價位太高，可是低價的基金又覺得沒有保障，高價的又覺得不划算，真是兩頭難喔！」

又道：「若是找到一個很好的投資路子，誰還要管這些不大不小的錢，還為它煩惱幹嘛，交易時間一長，根本划不來。以前時間短，還不會覺得怎樣，現在幾乎是要一整天的時間耗在這裡，真是無聊透頂了。」

小蔡終於伸伸懶腰，心裡已經下了一個決定。

「老王那你就繼續努力吧，我得為我自己的前途打拼，不值得為一百萬，而把自己的健康和時間賠上，我可沒那麼不值錢喔！每天回家，休息一下就已經下午三點了，一天都浪費在這無聊又傷神的遊戲裡。」小蔡無奈地說。

老王心裡想：『大概他又會失去一個一起並肩作戰的盟友了吧！』也不禁有些悵然。

過幾天，小蔡終於等到一個很好的時機，把手中的持股全數賣出，告別了老王，終於有種獲得自由的感覺，但是他的新煩惱又出現了，因為前幾天聽老王這麼一說，他又不敢貿然把錢拿出來買基金，到底哪一支基金，才是真正的正派又有能力的基金，他也不是那麼清楚，可是現在是低利率時代，放在銀行也賺不了多少錢，日本甚至於是零利率，真是進退維谷，不知如何是好啊。

＊　＊　＊

【投資診斷】

從九十年一月一日以後，股市延長交易時間，對原先的交易生態，產生了很大衝擊，以前有菜籃族，但是菜籃裡的菜，可是中午以後的午餐和晚餐，哪有家庭是下午一點三十分以後才開始作菜的，而台灣的投資群，百分之八十都是以自然人為主，也就是散戶的結構。自然也開始不適應現在的股市生態。

加上散戶的資金並非很充裕，就會造成投入的時間太長，而獲利又不多的情況出現，一些投資金額不高、以part time性質的投資人，開始覺得不划算，陸陸續續的思考要如何適應。

大部分的情況，就是可能出現委託性質的投資。委託給專業的機構，或者是專業的人，或者有空的朋友，畢竟市場變革，產品日新月異。沒有一個專業的研究、沒有一個正確的投資法則，還是一股腦的，以以前的方法應對，可不是一個就能應付得過來的策略。

就如上例的主角小蔡一般，雖然操作的手法還不錯，可是在時間上拖太長，根本無法做其他的事情。股票投資是有高低潮的，大部分的時間，反而是較平靜的，如果靠此為生，就會有飽吃一頓，連餓一月的危機。

以國家的角度而言，雖然股市的蓬勃可以徵收到大量交易稅，但是如果它的國民長期沉浸於股市的金錢遊戲，不事生產的話，是會耗損國力的，實在不是國家之福，所以股市只能在社會繁榮時作錦上添花，卻會在衰退時期雪上加霜。實在不值得鼓勵它的人民全程參與。故延長交易時間就會把一些生產力，趕回到正常的生產去，而使得投資變成專業化、長期化，這或許是我們現在的台灣佔了一半的人都開戶的年代，最應該走的方向。

16

我要退手續費

殷太太生性精明，原來一直在我們的公司下單，但是，成交量一直都不是很大。她自己也知道，她的業績對證券公司而言，可說是可有可無。所以也不敢多要求些什麼！只是常常會霸佔公用的電腦，讓其他的人使用起來覺得很不方便，有時候，有些看不過去的客人，還會因此跟她吵起來。而且每天免費的咖啡，她一定要喝個夠，收完盤後還要帶許多包回去，真不曉得，她天天喝這麼多包的咖啡，怎會睡得著呢！真是天賦異稟。

後來在民國八十九年初，統一證券開始了一個促銷活動，把所有券商的生態都打亂了，那就是每月只要成交一百萬元成交量以上，免費電腦就送給你，這一波送電腦活動，把統一證券的市場佔有率提升到十大券商的行列，業績量提升了將近百分之三十左右，許多的客戶，都跑到統一證券去開戶，大家都是為了要拿它們的免費電腦，就算家裡已經有電腦的人，也照樣跑去開戶。反正不拿白不拿，業績下給誰還不是一樣，對客戶而言是沒有什麼分別的。家裡多一台電腦沒事給小孩玩玩也是不錯的。

「阿均，我明天以後就不來這裡下單了。」

殷太太向營業員阿均說：「昨天我到統一證券去開戶，他們都有送電腦，而且只要每月一百萬成交量就好了，我每個月隨便都有四、五百萬的業績，對我來講太簡單了。所以我要轉到那裡去下單了，因為它們的福利真的是比較好，人總要往有利的方向走嘛！」

又續道：「等到你們公司也辦類似的活動時，我評估一下，如果吸引我的話，我會再回來下單的。」

「有空常來玩，也不一定是要來下單嘛，聽說我們的公司，也打算要跟進，贈送電腦的級數，聽說會比統一證券的還要好很多呦！」

營業員阿均，知道留不住，索性連挽留的話，都懶得說。不過倒是留下一個伏筆，等到他的公司也有類似的活動時，連本帶利的把殷太太給挖回來，順便把統一證券的客戶，也一併的挖過來，正是所謂以牙還牙，以彼之道，還諸彼身。

不過，營業員阿均心理無奈的不知如何是好，連殷太太這個月已經是第五個跟他說拜拜的了。因為統一證券這次促銷手法太過高明，各家券商都還沒有因應之道，營業員也只好看著客戶暫時的消失，或者永遠的消失了。

但是不久統一證券的業績又開始消退了，因為寶來、元大、金鼎、中信、永昌……等較大家的券商陸陸續續都推出免費電腦活動，並且級數更高，而且還有更多的花樣，有送電視、DVD放映機、音響組合、掌上型股票機、出國旅遊、甚至於連賓士車都有人送。客戶也落得高興，佔盡所有便宜。反正券商的惡性競爭，受惠的就屬消費者了。

所以在厚利的誘惑之下，殷太太又回來營業員阿均的懷抱了，不過現在她得分業績出去到別家券商，因為她家現在多了三台電腦，一台股票機，合起來一月起碼要三二〇萬的業績，才可以擺平。否則她就要自行吸收分期付款的費用，而且這一綁就是一～三年，她家多了那麼多的電腦，在十倍數的時代淘汰下，現在看起來彷彿就如同一大堆垃圾。殷太太當初到底是不是精明呢？現在的她，倒是頗為懷疑了。

＊　＊　＊

「經理、經理，我有一位客戶陳太太，她想見你。」營業員阿明吞吞吐吐的跑到經理室向他的經理說。

又道：「她這個月，成交量四千多萬，她想退手續費。」

吳經理回答道：「你知道退手續費會讓你的業績打折嗎？」

營業員阿明解釋道：「知道啊！不過她說如果不要讓她退手續費的話，她就要到別家去下單了，我認為沒辦法再撐下去了，所以現在她在門外，正等著你的回答呢？」

吳經理一聽，馬上到門外，將陳太太請進了經理室坐下、奉茶。

「陳太太你的意思，阿明都向我說明了。你的意思我也明白，反正現在券商競爭非常激烈，我們公司也會照標準退給你，你退手續費的錢，這個月我就會退給你，也就是業績到達一千萬以上，才有退。每一千萬四千元，如果業績上億元的話，每一千萬退五千元。我們就照這樣子去做，這大概也是現在券商的一般標準，您看怎麼樣。」吳經理向陳太太道。

陳太太一聽手續費有得退，算了算也跟她問的差不多，也就欣然答應，連忙道：「本來就應該這樣嘛，市場現在大家也都在退，所以，也不是我要求的特別苛刻。不過還是謝謝你了，那就合作愉快，不多打擾了。」

陳太太說完，沒事也就心滿意足的回去了。心裡打算有空就多衝幾筆業績，搞不好還可以一個月有上億的成交量哩。

* * *

【投資診斷】

這又是一個現在證券業在搶業績的方法，也就是退手續費，把手續費壓低，現在市場上券商大約一千萬業績有回饋到三～八千元左右的價位，一千萬的業績券商毛收入是一萬四千二百五十元，如果扣掉人事、管銷、房租的費用，其實退五千元以上，都很難打平，但是這就是自由競爭的市場，有人可以做，當然其他的人也可以學習跟上的，受惠的就是屬於消費者。

但是，其實券商在這裡設有一個心理的陷阱，若投資人不小心的話，常常會跌入於中而不知。自認得到好處，卻賠上更多的錢，像上例的殷太太，她雖然佔盡了券商的便宜，拿了許多券商的電腦，卻也給她自己無形的壓力。

我們知道股票市場起起落落，成交量有高有低，殷太太哪可以預測自己一直是股市的常勝軍，業績量一直能維持四～五百萬呢，萬一差一點成交量，若要硬衝業績，不小心吃虧的話，損失的金額，可能會比三台電腦都還要昂貴。

而第二個例子裡，券商設下的陷阱就是，一定的量才有回饋，而且你做的愈大，它回饋的愈高，讓你沉醉於高退傭金額的迷失，其實那些錢；本來就是你自己的錢。

以上例的陳太太而言，她如果本月的業績有九千多萬的話，她一定會再多衝一點的，以便達到更高階的退傭，但是，卻沒想以一億的成交值去換五萬元，真的值得嗎？萬一一億交易量裡有些閃失，豈是拿回五萬元可以彌補回來的。

所以，真正的做法，應該是以股票的走向為操作的標準，而完全不要管你的月成交量的大小。有行情的時候，大做；沒行情的時候，就小做或根本不做。這才是投資股市的重點。

17

借錢開信用

「趙先生，我是你的客戶小張介紹來開戶的，你跟你的公司商量一下，看是否能幫我做個財力証明，我保證以後所有的業績，都在你們的公司下，我在××證券可是第四級的信用戶喔！如果可以的話，我把全部的業績都轉到你們的券商裡，保證你的業績從此嘎嘎叫！」

林先生如此向營業員小趙說。小趙再把林先生帶來的業績表拿來一看，不得了，上個月的成交量高達二·五億，不禁心花怒放，心想有大魚上勾了。

「林先生，請坐、請坐，平常要怎樣配合你呢！」小趙趕緊跑到林先生的前面，拉了一張椅子來。

小趙開始討好林先生：「你下單是怎樣的方式，要不要我向公司申請一台電腦安裝到你家裡去。」小趙想要用電腦來綁住林先生的業績。

「那倒不必，我下單也很乾脆，大部分的股票會在當日沖銷掉，只留非常看好的股票，或者是當日沒有沖掉的股票。」

林先生自信滿滿地道：「不過這種狀況是非常少的，一般我看準的股票，都是當日價差非常大的，外面知道我厲害的人，都把我當作是股票之神，從不失誤。」

林先生續道：「對啦！如果偶而有個意外，股票衝不掉的話，你們公司是不是會先幫客戶墊一下呢？我以前那家券商都是這樣配合的。而且我都是不退傭的，業績都是你自己該得的。」

小趙開始頭疼了！不過在利益薰心的情況下，小趙倒是還虛以委蛇的回答。

「開信用戶的事，不需要到公司處理，我們經理死腦筋，他不會同意的。我自己來處理就可以了，第四級只要現金四百五十萬存一天也就可以了。至於代墊款的事情，我們遇到了再來研究好了，反正你也很少出錯，哈哈！」

小趙以乾笑聲帶過，掩飾掉一點牽強的表情。

林先生得不到答案也不急著追問，回答道：「好吧！那我就先去開個普通戶，信用戶也把它先寫好，就開給你，以後下單，我就用電話下單就好了。」轉身就往開戶櫃檯去，開戶動作之熟練，連開戶小姐瓊芳也下一跳。一下子就已經清潔溜溜了，比起其他的客戶而言，瓊芳可就是省下不少力氣。兩種資料都填好，順便在證券附屬的銀行辦事處，開了一個戶頭，存了六萬元，辦了一張提款卡。

就等小趙幫他存現金，當財力證明，信用戶也就可以使用了。開完戶後，林先生又折回去找小趙。

「趙先生，這是我的存摺，還有印章，我把它們都先交給你，我已經先存進去六萬元了，你不會把它拿去花掉吧，我信任你是小張的朋友，有空就幫我做做財力證明吧，全部弄好以後，再通知我。我就把資金大約九百多萬先轉進來，就開始下單，當然是愈快愈好！」

林先生說完，因為在盤中，自己的戶頭也還不能用，所以，坐了一下，沒事也就先走了。臨走之前，還從外頭買了一杯咖啡，請營業員小趙喝，讓他清醒、清醒頭腦。小趙覺得那位林先生真是善體人意，窩心極了。收完盤後，小趙覺得整個人如意極了，一個早上下來，猶如坐完雲霄飛車般的飄飄然。

「前幾天才剛剛和小張吵完架，他還不嫌棄地介紹朋友來開戶，真是不錯的朋友，下次見到他一定要請他喝兩杯。」

小趙自言自語的說：「林先生也真豪放，一下子就把存摺，還有印章都交給我了，也不怕我領掉，大概是老朋友介紹的，有交情的就是不一樣。」心裡想要幫忙做財力證明，四百五十萬，可不是自己能負荷得了，得想個辦法。

小趙算算自己手上的現金，仍然還不足一五〇萬，於是商量向他的同事調借一天，同事看他開發到大客戶，也不禁羨慕起來。不過仍然提醒他格外小心，錢到別人戶頭裡，總是危險。

「你以為我是傻瓜啊！存摺、印章都在我這裡。我不告訴他哪一天把存錢進去，隔天一大早就把錢領走，你以為他有通天的本領，可以把我的錢吃去嗎？」

小趙自認聰明頗為得意的說，同事想想也沒什麼問題。蠻欣賞小趙的腦筋。

於是小趙在第四天的下午三點鐘，把四四四萬存入林先生的戶頭，連同林先生的六萬元，剛好四五〇萬真是一點虧也吃不到。就等明天一大早再把錢領走，而且前幾天其中小趙還聯絡林先生，告訴他照市場規矩，他必須付三一〇八元的利息，林先生也沒有意見，小趙心想：『他真是個好客戶，凡事都好商量。』小趙尚未做到他的生意，就先賺他一筆小錢。

第二天，早上九點小趙先顧不得股市開盤，興沖沖地到銀行辦事處，把他的四四四萬三千一百零八元領出來，取款條早就蓋好印章，遞給銀行的張小姐。張小姐刷一刷存摺，告訴小趙。

「存款不足，只剩下一〇〇元，而且印章樣式也不對。」

小趙當場楞在那裡，隔了好久才問到：「怎麼會這樣，不是應該有四五〇萬的嗎？印章是這一顆也沒錯啊！」

張小姐回答道：「本來有四五〇萬元的，不過昨天當天就領走了。印章樣式也是昨天才改的。」

「怎麼會這樣，怎麼會這樣！」小趙當場楞在現場，不知如何是好，心裡頭知道一定是完蛋了。神情落寞的環顧四週，也不想回去座位接股票委託單了。

小趙在拿回存摺後，終於忍不住當場痛哭失聲，把所有的客人、同事都嚇了一跳。事情才慢慢的傳了開來。後來，該券商的經理問起該銀行的經理，經由銀行的調查，花了好大功夫，從證券與銀行兩端，拼湊起來，才知道個大概。

一、所謂小張介紹林先生，據證券的開戶小姐說：只不過是當天見到林先生和小張談了一會的話，知道小張是在小趙那裡下單而已。

二、根據銀行的保全人員描素，那位林先生大概每天三點二十分左右，就會到銀行本行去刷他的提款卡，因為時間很接近結束對外營業時間，所以他記得很清楚，而出事當天，看到他刷完提款卡就跑到櫃檯不知道做什麼。

三、再根據銀行的櫃檯小姐說，當天林先生一到櫃檯，就說要報存摺遺失，而且也要變更印鑑，兩樣事情辦完後，他就把他的四五〇萬留一〇〇元，其他都轉到我們的另一家分行去了。而最後根據另一家分行的職員告訴我們，一大早就有人把錢以現金的方式領走了。

*　　*　　*

【投資診斷】

看來所謂的林先生，是有預謀要詐騙證券業的從業人員，從他的方法，可看出他是多麼善於心機，而且熟悉證券、金融業的作業模式。知道營業員會為了業績，偶而冒點小險，如果風險他可以控制的話，他更會去做。沒想到林先生他充分利用人性的貪婪，只是利用提款卡的查餘額功能，就能把許多人耍的團團轉。

林先生居心如此細密，無以復加。自認如果是自己遇到的話，不一定也會上當。應對之道無他，只有遵從證管會的規定辦理，不與客戶有金錢的往來，才是上上之策。得自己該得的，不該得的一介不取，就沒錯了。

在股市裡，人海進進出出，一代新人換舊人，哪一個行業興起，那行業就有「新貴」，新貴就會取代前一波的主力部隊。或者是新起之秀，想要一嚐淘金之夢。早一批的人，錢沒了，膽子沒了，就逐漸退場；後一批的人有錢或有膽子，就開始成為市場的主流。市場上個人的際遇有起有落，無法用一個統一的標準評斷，但是記得千萬不要膨脹自己的信用，有一分錢就做一分的事，否則，就會加速自己的使用速度，方向對，加倍賺，但是若操作中有一次方向錯，就會全盤皆輸，而不是輸一半，到時候就算想要停損也是損失過劇了，一切都來不及了。

18

保值股票

「最近股票，跌成這個樣子。你看，我把電子股，換成比較保值的金融股，好不好。」

鄭太太憂心忡忡的向鄭先生說：「起碼可以保值，我聽人家說金融股最保值，起碼政府會顧一下，不會放任它倒閉。三商銀每個都還可以賺一塊多，把錢放在那裡我覺得比較穩當啦！」

因為在鄭家，投資股票金額在一定範圍之內，是屬於家務事。鄭先生是不會管太多的，只有供應資金的份，現在鄭太太股票套牢了。想了想，如果繼續擺在電子股的話，萬一不景氣繼續下去，電子公司會倒閉許多家也不一定，只好徵求她先生的意見，把股票裡所有的電子股都轉為金融股，以求個安穩。

「買的時候，妳沒向我說起，到現在妳卻問起我該怎麼辦來了。」

鄭先生有點捉狹的說道：「還是老辦法，自己做決定，不過輸贏可要自己負責喔，別再往我的身上推。」

好個四兩撥千金，一下子就化掉家裡可能會引發的風暴。

「那輸贏我負責，你也不要過問。」

鄭太太沒得靠後，賭氣的說：「反正你就像是牛一樣，只會拉犁、耕田，要不是我持家有道，你一年二百萬的收入，怎夠我們家的開銷。你開的賓士車，還不是我去年賺錢，買來送給你的。」

又說道：「你啊！就去拉你的犁好了，吃你的草好了，不過警告你，別跟我偷吃嫩草喔，你這隻老牛，居心不良，色性不改，一有機會就想要偷吃腥，誰不知道。哪一天讓我知道的話，不把你鬧翻天才怪，休怪我無情。」

鄭太太無俚頭的牽扯一些話題，來加入戰場。鄭先生對於鄭太太這種吃醋似的懷疑，早就見怪不怪了。

「別無聊了！扯些有的沒的！還是自己判斷吧。」鄭先生乾脆要推就推個乾淨。索性再推脫一次。

鄭太太：「算了、算了，關於理財，問你也是白問，我還是自己決定算了。你啊！就乖乖的坐在這裡，看老娘的本事好了。」

鄭家就在一場，夫妻平常的鬥嘴中，結束了一場人生的遊戲。

隔天——

「廖先生，請你幫我看看，我的戶頭裡，還有多少的股票。」鄭太太打電話給她的營業員廖明智。

營業員廖明智幫她查了查庫存。

「鄭太太，你的戶頭裡總共有聯電八十張、華邦二〇〇張、還有智邦七十五張……。」營業員廖明智一口氣說完了鄭太太戶頭裡的股票，也蠻驚訝鄭太太的財力雄厚。

「請你今天把這些股票，全部賣掉。」

鄭太太吸一口氣後緩緩地說道：「然後全部換成金融股裡面的三商銀，平均一下，三檔股票平均分配一下。」

營業員廖明智有點吃驚，不過他還是沉著的先把事情處理清楚。

「這樣算下來，依照現在的價位，大概是……」

廖明智停頓了一下，計算轉換後的股數，然後道：「大約每檔九百張左右。」

「唉！」

鄭太太道：「如果是一開始就買三商銀的話，大概每檔可以買二千張左右吧，不過算了吧！價位不要太離譜就好了，你換好之後，再通知我確實的數目吧！記得零股不要賣掉，留著股東大會時候換紀念品。」

鄭太太仍然不失其精明的一面。

「好！股票換回來再跟您報告。」

廖明智也不敢多言，因為他知道，鄭太太平常的黨政關係良好，說不定有什麼內幕消息。

十分鐘後，廖明智已經全部把股票交換妥當了。於是打電話給鄭太太：「鄭太太，已經全部成交了，電子股已經全部賣掉，零股留下來不賣。彰銀九〇〇張、一銀九〇〇張、華銀九〇六張，戶頭大概還剩下一萬多元，不夠一張，所以留著。」

「沒關係！麻煩你了，謝謝你。」鄭太太說完，就準備要掛電話了。

「等一等，等一等。」

廖明智急忙道：「您是不是有什麼消息，怎麼會把股票全部轉為三商銀呢。」

廖明智想要套點消息。

「不錯！是有人向我提起過。」

鄭太太不甘平凡的心突然興起，隨便撒個小謊說道：「而且我也覺得不錯，所以就把它給換過來了，你自己可別亂跟著買，錯了我可不負責。也不要告訴別人喔！」

「好！好！好！」

廖明智急忙道：「我不會說的，再見，拜拜。」掛完電話，廖明智立刻又撥電話出去，不過這一次可不是打給鄭太太的。

「小張、小張，趕快買三商銀的股票。」

廖明智道：「我有內線消息，別問那麼多，你要幾張。」

「老周、老周，趕快買彰銀吧，我有內線消息！」

像這樣的電話，廖明智一口氣一連打了五、六通，請他最親近的客戶買三商銀，也獲得不大不小的迴響。這也難怪，畢竟，現在市場已經不像從前是主力明牌的天下。從八十九年下來，一萬多點跌到最低四千七百多點，整整跌了三季，客戶也都跌怕了，也都跌光了。

這時候正是九十年一月初的事，後來這個月份大盤加權指數從最低四五五五點一直漲到最高六一九八點，整整漲了一六〇〇多點。

而三商銀以彰銀為例也從最低一二・五元漲到二三・一元，鄭太太也把他的股票順勢賣掉，獲利將近七成，可算是這一波的大贏家，也把賠的錢賺回來了一大半。

*　　　　*　　　　*

【投資診斷】

這個例子中的鄭太太，真是洪福齊天，而且在他身邊的人也一起沾到福氣。

雖然她的投資策略不對，觀念也有很大的誤差，可是就是能夠賺到錢。這得歸功於她平常樂觀的個性和有一位包容她的丈夫。

我們知道，股票在下跌的時候，再保值、含權值再大的股票也是要跌的。股票要漲的時候，就算是該支股票去年賠二元，它的股價都有可能漲個一、二倍。

所以看股票時千萬不要用它的權值大小去看待，許多的投資人搞不清楚為什麼台積電今年配六元股價還是要跌，聯電今年配四元，也要跌。其實，股票是反應未來市場的，大約早二～三季左右，而所謂的權值，只不過是以前賺的錢還沒分配而已，但是股價早已經之前反應過了。例如：如果我開一家公司，去年賺一倍，但是我告訴你，今年我可能會倒閉關起來，你想你會投資我嗎？道理就是這麼簡單，不用想太多。

19 長線比較賺錢

「股票買來後，長線擺著，比較會賺到大錢。」

台北市八德路鄰近的兩家商店，一家是禮品店張小姐開的，另一家電器行是吳先生開的。今天他們又為了，投資股票的時間長短在討論不休，張小姐於是向吳先生說了上面的一句話。

張小姐道：「像我們這種生意人，早上十點三十分就要開門做生意，一直要到晚上十點三十分才能打烊。哪有時間做短線，而且短線也根本不是在投資，是在投機；所以我們對於股票，應該長期抱著，不要亂賣才對。」

吳先生回答道：「短線才是比較賺錢呢！賺不賺錢是看你手上的股票漲價或者跌價，要落到口袋裡的錢，才算數。很多股票今天明明是賺錢的，明天一個大利空，一開盤就變成賠錢了，萬一這期間，要動用到資金，割捨賣掉的話，不就是賠大了嗎？更倒楣的是，等到你的資金回籠了，股價又漲回去了，如果這時候再買回來，不就是雙重損失嗎？但是不買回來的話，不就是一定損失了嗎，所以，股票要短線操作，有贏就要跑，落袋為安後才算是賺到錢。」

張小姐亦回答道：「話是沒錯啦，不過你也不要拿短期資金投資嘛！投資股票就像是投資人家合夥做生意一樣，哪有人才把生財器具買來，就說要抽資金拆夥的，叫人家怎麼把錢拿出來；所以既然投資就要撐下去，榮辱與共才是精神所在嘛。前一、二年的虧損，以後賺錢就自然補回來了，而且是股價和股利一起賺回來，本金加利息一起賺回來，不是很好嗎！」

吳先生又回答鄰居張小姐：「妳的話也是沒錯啦，但是妳要知道現在的世界，輪動的速度有多麼快嗎？一下流行這個，一下流行那個。我是在賣電器的，最清楚不過了。每次貨都不敢進太多，一下子就會被淘汰了，屯了貨就倒大楣了。十倍數的時代，淘汰速度嚇死人了。你看以前的股王是華碩，後來一下就被廣達取代，廣達屁股沒坐熱兩天，又被禾伸堂給踢下去了。如果你還停留在以前的觀念裡，必定要吃大虧的。」

張小姐想了想，也覺得沒錯，但是隱約中又感覺哪裡不對：「不對！不對！投資一定要選對股，選對人。市場上是變化很快，但是，人是不會變的啊，管理的能力，也不會變啊！上市公司每年賺三、四元的公司很多，就多投資幾家，長期抱著；然後就母雞生雞蛋，雞蛋孵小雞，小雞長大又生雞蛋，長期下去，雪球愈滾愈大，到了最後面，股價只是雞毛蒜皮的細節，賺的都是它的股權增加。」

說來義正言柔，把投資的精神表露的十分精采。

吳先生聽完後道：「妳的觀念是以前的觀念，妳沒聽人家說過嗎？商人無祖國，因為有利的地方，就會有商人會去。我們投資也應該有利才投資，萬一妳投資的那一家公司倒閉了，該怎麼辦？現在的市場不是妳的管理好，或者是妳的產品好，就可以生存得下去的，你看宏碁電腦那麼優秀，還不是經營的那麼辛苦，股價還不是只有十幾元而已。所以囉！投資股票首先注重的是他的靈活，要有隨時可以抽資金的靈活想法，妳投資一家公司，而那家公司的產品，雖然好用、口碑好。但是已經又有新的產品可以取代它時，那你還抱著那家公司的股票做什麼。說實在，現在上市公司哪時候要倒掉，可能連他們自己都不清楚吧，靠它幫你養老，還不如靠自己比較實在些。」

兩個人各持己見，各自都有理，卻也點出投資者現在的無奈感，投資股票到底是長線好；還是短線好呢？

說是長線嘛！有的公司連經營者自己都在申讓股票了，你說他經營的公司會好嗎，他已經無心戀棧了，他還會為你的投資，去謀取更大的利潤嗎？

如果說短線的比較好，有時候短線的方法，常常是見樹不見林，為了多賺幾塊錢，把後來應該賺幾十倍的利潤，就這麼拱手讓人的例子，屢見不鮮，你能說明智嗎？只要有股票市場，這個問題永遠得不到一個正確的答案。

＊　　＊　　＊

【投資診斷】

我曾經提出過一句名言「商人無祖國，投資無忠誠」這句話。正好可以把投資股票的長短線給解開，沒人需要妳的忠誠，也沒人知道你的忠誠，價格漲漲跌跌，完全是市場需求的導向，如果太過於死守一檔股票，那就太對不起國家當初幫你設計的股市制度了。

所以應該的做法是，保持距離，定時關心，不要想要買最低價，或者賣到最高價。以避免落入短線的迷失，而且要具備「審勢」的能力，市場上流行什麼，就該跟隨著投資什麼，但千萬不要沉溺於其中，而不肯獲利了結。畢竟，十鳥在林，不如一鳥在手，落入口袋的錢，才是叫做真錢。

投資不需要被時間給限制住，要跳出時間的框框，應該去審視投資是否仍具利基，利基不在了，就是一天也是嫌太長；利基仍然在，十年也是短的。利基不在了，投資就該結束了。

20

股票套牢了

楊老太太，今年已經快七十歲了，投資股票也有十幾年的經驗，時間雖長，但是投資的次數，可不見得就有多少次，因為她有一個觀念，一直圍繞著她。

「我買的股票，賠錢的，我是一定不會賣的。」楊老太太又向隔壁的陳媽媽說起她的經驗談了。

「投資嘛！就是要獲利，賠錢賣什麼呢？我做事就和我家的老爺子一樣，擇善固執，對的事情絕對不可以改變。可惜他早了幾年走了，如果他還在的話就可以告訴你，事情應該是怎麼做才是對的。」

家常的聊天，又提起陳年往事。

「楊媽媽，你股票不是十年前買的嗎？」隔壁的陳媽媽怕楊老太太又舊事重提。不禁搶話，先講在前面，看楊老太太會不會自己打住不說。

又說：「這幾年您也不過在四、五年前再買過二、三次而已，我們就別再提了。」

「怎麼可以不提呢！」

楊老太太有點生氣的說：「年輕人要記取別人的經驗，這樣子你才會有進步，像我這麼老了，還能有幾年的精神跟妳說話，以後你想要我傳授，我都未必會有精神再說了。」

楊老太太抬出壽限的大旗來，陳媽媽一聽，也只好禁聲不語，聽楊老太太繼續說下去。

楊老太太續道：「妳投資股票，就不要再跑來跑去做短線，一定要，買到的股票就一直抱著，這才是投資股票的精神。」

又道：「如果當老闆的人，也像妳們一樣，那叫員工怎樣活下去，一下就換老闆，一下又換董事的，根本就不是做事業的態度嘛！」

「話是沒錯，不過我們沒有這麼偉大，股票沒有我們，總是有人接去的，否則，怎會有成交價呢？不一定接去的人，會把股票抱的長長久久，我看我們就不要擔這個心好了。」隔壁的陳媽媽忍不住回話。

又說道：「像妳十年前，買的三商銀，到現在雖然配股很多，不過那時候的股價，可是現在的四十倍啊！還有四、五年前買的東隆五金、金緯紡織、國產車，到現在都已經下市了，妳還抱著。真不知道妳要抱到哪時候？」

陳媽媽想到那些已經下市的股票，心想：『自己就是聽從楊老太太的話，到現在手上還抱著一檔，不知何年才會再上市。』不禁也舊事重提了起來。心裡總覺得，如果當初在還有價錢的時候賣掉，或許心裡不會像現在這樣不舒服。

「年輕人，就是不懂事。」

楊老太太更生氣的說：「賠錢的事沒人做，這種道理你都不知道，還跟人談什麼股票，我不跟你們說了，我要回去了。」

楊老太太氣呼呼地轉身就回家。留下陳媽媽一臉無辜的坐在他們的公寓前庭上。不過倒是留給陳媽媽一個問題，到底股票是要怎樣持有才是正確的呢！

*　*　*

「哎呀！我股票套牢了。」

鍾太太向他的營業員發牢騷：「都是妳，明明知道股價會下跌，也不會通知我一下，叫我及時賣掉，損失一點也沒關係嘛。我又不是不講理的人。」

鍾太太氣呼呼又無奈的向營業員淑芬抱怨著。

「妳又不是不知道妳自己的習慣。」營業員淑芬無奈的回答：「每次跟妳講，股價好像會回檔，妳都不聽，價位跌多了，妳又捨不得賣，又能怪誰呢！」

「話不能這麼說。」鍾太太道：「妳這次沒跟我講，怎會知道這次，我不會把股票賣掉呢？」

鍾太太續道：「像上次妳叫我把仁寶賣掉，好在我堅持己見，不賣就是不賣，後來不是多賺了五萬多元，聽妳的不就是虧大了嗎？」

營業員淑芬無言以對，心裡想：『如果我全都知道股價怎麼走的話，我又何必在這裡，陪妳笑臉，我不會自己投資啊。』但是終究顧客至上，保持一貫的笑容道：「好！好！好！我的鍾大奶奶，下次我及早通知您，就是了。」

鍾太太聽了之後，氣也消了一大半。

「那麼我現在該怎樣才好。」

營業員淑芬不敢接腔，其實現在叫她停損，她一定不願意，而且又會怒目相向，到時候好不容易緩和的場面，又會火爆起來。

鍾太太看營業員不答，只好又繼續說道：「現在賣掉就虧大了，我想等它再跌二元的時候，把它賣掉。然後改用融資加倍買，到時候就有兩倍的股票，如果回升的話，回到一半的股價，就回本了，妳看好不好。」

「可以啊！」

營業員淑芬在想不到其他辦法的情況之下，只好同意的說：「倒不失為一個解套的辦法。」

「好吧！既然妳也覺的是好辦法的話。」鍾太太道：「那我們就照這樣子去進行，妳這次可要看準了，它在跌二元的時候，通知我，我就把它換成融資，就這樣嘍。」

鍾太太終於又露出，她那直性子的笑容，走了。

* * *

【投資診斷】

我看營業員淑芬如果到時候真的通知鍾大奶奶的話，他們倆個可有解不開的問題繼續下去了。

上面那兩例子，都是關於股票套牢的問題。而且也是一般投資人最會犯的毛病。投資人投資股票賺錢時會賣，一點都不困難，而且也非常符合投資獲利賣出的原則。但是在虧損的時候，要不要賣，就考驗投資人的智慧了。

只要是投資股票都會遇到這個問題，從最小的散戶到基金操盤人，公司派法人，都在傷這個腦筋，也就是股票套牢了，該如何處理。往往一念之差，就會讓人永不翻身。往往花了大筆的精神與金錢培養的基金操盤人，成為一顆股市之明星，往往因為投資錯誤又不停損，而從明星變成一顆流星殞落。

那就是因為他們選擇逃避，而不是選擇面對它然後停損掉它，寧願選擇套牢。如果是套牢的話，可能解套也可能永遠不能解套，但是若等到解套的話，可能不知道還要等到何年何時！也可能在股價回升的同一時間內，主流股不知道已經飆漲到幾倍了，而自己手中的持股不過漲個二、三成。自然那顆股市明星也就殞落了，那是自然不過之事。

我在前一本書《突破股市瓶頸》，倒是提出一個很好的解決辦法，也就是「投資首重在於——徹底的執行停損」，至於如何停損，也提供了一個很好策略：

一、買進二天內不漲就停損。

二、損失超過十%立刻就做，不管時間的長短。

至於為何要如此做，牽扯到人性與買股票時的策略，過於複雜就不再詳述，有興趣的人可以自行參考《突破股市瓶頸》一書，裡面有詳細的推論。

21

我的最愛

一大清早，許多有早起習慣的人，往往就會到附近的公園去運動，活動、活動筋骨。在台北市士林的芝山公園，一大清早也不例外，總是人潮洶湧。清晨四、五點鐘就有人來，到那小山上去運動。一來可以健身，二來常來久了，也就會有一些老朋友在那裡。如果幾天沒去，總會有人打電話到家裡去問候。

以老趙為例，這兩天天氣變化大，受了一點風寒，身體微恙，已經有三天早晨沒去運動了。今天留在家裡，果真就接到電話。

「老趙，怎麼好幾天都沒看到你呢？是不是跑回到大陸去泡小妞了啊！」電話那一頭，小陳口無遮攔的問起來了。

老趙回答道：「哪有時間風流，感冒了三天，到了今天，才稍微有些起色，前兩天全身的骨頭，都疼的要命，所以早上也就沒去運動了。」

「最近天氣變化大，早晚要記得加件衣服，別再感冒了。」

小陳道：「我們團體裡，少了你，大家打起拳來，彷彿就好像少了點什麼，你的太極拳的鬆沉，真是做的不錯。」

「好！好！好！」老趙回覆道：「看樣子，明天早上就可以回去打拳了，到時候推起手來，你可別亂發勁，老骨頭不堪一擊。」

「我們內家拳越練越老越強，根本就與年齡無關。誰不知道，你老趙的『掤勁』獨步全球。你不發我，就算是客氣的，還想我打你？」

小陳著實地恭維道：「就這樣，明天見了。」

老趙今天，一個早上就接了四、五通，像這樣的慰問電話。老趙心裡著實欣慰，想想這群朋友，真是要得。

「唉呦！老趙、趙師傅來的可真早呀！」

小陳眼尖，看到老趙一大早就已先到，在做起鬆身的軟身運動。小陳道：「身體還好吧！」

老趙點點頭說道：「謝謝你的關心，已經差不多好了，一起來鬆身、鬆身、運動、運動吧！」

就這樣，人群慢慢地多了起來，時間差不多了，該團體的人員也漸漸地聚齊了。

「好！人大約到齊了吧。」一位團體的領導人莊先生，看看他的學生出席的狀況後道：「開始做鬆身操吧！」

莊先生研究太極拳，已有二十餘年的歷史了，哪邊有好老師，他就會虛心的到那裡去請教，足跡遍及了台灣、香港、大陸，一有好東西，他一定不會放過。所以可以說是一位拳痴，不過皇天不負苦心人，終究讓他學了一點東西，頗能體會太極拳的精髓，除了以楊式太極拳為範本外，另外他還自創了一套鬆身的鬆身法，把頸、肩、脊椎、腰胯、膝、踝這幾個重要導引力的關鍵處，一一鬆合，達到更有效的筋骨整合。

鬆身完畢後，「開始打拳套，楊氏一〇八式」。

說完，莊先生就開始緩慢的先打起來，自己領拳在前面先打，學生就在後面邊看邊打邊學。就看莊先生一拳一式紮實的打著，整個架構在移轉之間，絲毫不見鬆散，內勁隨著意念在身體裡面流轉，意到勁到，舉手投足間，處處無不是借大地之力，然後再傳導出來。纏絲勁貫穿整身，如同是整體一勁之感。打的渾身細胞，全都活了起來，氣練入骨，四肢百骸，愈打愈是感到沉重，彷彿如同就像是在游泳一般，身體在每一個架勢的轉折中，就感覺到身邊的空氣，就如同水一般凝重，正所謂是：『陸上游泳』。一趟拳下來，渾然忘我，不僅學生學得快活，自己也不無收穫。所謂教學相長正是此意，拳套打完之後，又各自找對手，一對一的推手起來了。

這時候的莊先生因為級數比他的學生們高出許多，反而少有人與他對推，在太極拳的意境中，兩人一搭手，也就知道對方的高低了，所以，學生們都不會自討沒趣。倒是學生們自己推的頗為愉快。

「往復須有折疊。」

老趙找小陳兩人推起手來：

「捨己從人之後，才能我順人背，聽勁方能得靈。」老趙邊推邊講：「虛靈頂勁，腰軸為纛，拳架若有毛病，一推手就全部跑出來。」

二人推起手來，老趙雖然剛剛病癒，但是卻完全把小陳的勁道，聽的一清二楚的，不免指導起來。一陣子下來，老趙老神在在，小陳卻是大汗淋漓。

小陳趕緊求饒道：「老趙，不推了！不推了！我們休息一下吧。」於是兩人停下來，找了個地方休息，聊了起來。

小陳道：「老趙，我以前曾聽你說，你有在買賣股票，我最近生意漸漸做開，攢了點錢，想拿一些多餘的錢來投資，所以向你問問！」

「原來是這樣子！」

老趙聽了回答道：「投資股票，沒有什麼難的，就像我們現在練拳一樣，有恆心、有毅力就行了。」

「怎麼說呢？」小陳續問道。

「只要持之以恆的投資下去就可以了。」

老趙道：「我們練拳，每天都練，晴天也練，雨天也練，天熱時練，天冷時也練，有進步的時候要練，沒進步時更要練，久了自然會有一定的成效。」

又道：「投資也是一樣，投資股票十年來，我都只買同一支股票，股市熱的時候買，股市清淡的時候也買，買了就擺著不要賣，只要時間一久，到時候所有的利潤都是要歸你的。」

「不換股的話，不是太危險了嗎？」小陳有點疑惑的問道。

老趙說：「你瞧有人練拳，先練了跆拳，一年後又練柔道，再隔一年又換太極的嗎！如果有的話，要不以後有極大的成就，要不以後就毫無所獲。不過百分之九十九，是註定要沒成就的。」

「一開始投資的時候，你就要精挑細選投資公司，一旦選定了後，就要一直投資下去，後來的工作，就只有一直拿錢出來的份，唯有如此，才有可能會是股市的贏家，這就是我最愛的投資策略。」老趙一口氣講完。

小陳聽了後也覺得很有道理，原來世事都是一法通，萬法通。原理都是一樣的，他想從明天開始，要好好的來研究到底哪一家，比較賺錢。不過老趙是否已經「一法通」了嗎？他還是覺得有點懷疑呢，但是，又不知道上哪裡找「一法通」的人。

＊　＊　＊

【投資診斷】

根據內政部的統計，台灣登記的公司，十年內大約有九十%的公司會消滅。所以像老趙這種投資人，被他投資的公司，應該發張榮譽股東的獎狀給他才對。

事實上，他的方法已經很接近目前的定時定額基金投資的方法，唯一的差別是基金會去篩選持股，並且更換投資公司，讓投資多樣化，但是老趙只有單抓一支，這就有點像是在押寶，押對了送賓士，押錯了乖乖軟糖一包。

股票上市公司就像人一樣，會有生老病死，而且只有生著強壯的時候，才有可能把財富引進門。一旦過氣的股票，比垃圾還不如。過氣的股票，會一直沉淪下去，最後變成一攤死水，一攤死水，是養不出活魚來的。

所以，千萬不要鍾情於某一支股票，或者某一類股。主流才是最愛，因為它有題材，有人氣，有成交量。如此一來就混水好摸魚了。

22 投資勝於工作

「你看，宏國集團與東帝士集團向銀行的貸款，利息已經繳不出來了。」一位在台灣金融界頗具份量的人士——金先生。在他家裡，正向一位努力往上爬的小型企業家余先生說。

「台灣的企業，現在已經面臨到另一個轉型期了，不是用草創時期的方法，就可以解決現在的問題。你看宏國、東帝士集團風光一時。在台北縣市裡，有多少是它們蓋的房子，可是現在連它們也都週轉不靈了。」金先生道。

余先生聽了此番話，覺得有進一步向金先生請益的必要。

「照您的看法，為何他們會搞到如此的地步呢？」好奇的問。

「過氣的產業！」

金先生簡單有力的回答道：「十年前，台灣的房地產業是台灣的火車頭工業，可帶動由外銷賺的錢，轉為內需消費。因為那時候台灣人能夠消費、置產、理財的東西不多，所以一有產品就會引導消費，那時候為產品不足時代。有產品就有人消費。而建設公司就是那時候的供應者，有誰不會大賺錢的呢！」

續道：「後來產品生產過剩，而消費的種類又增加無窮多，淘汰速度又快。所以房地產業就被時代的洪流給沖垮了。」

余先生又問到：「那以後就沒有房地產業能生存的了嗎？」

金先生笑笑回答道：「當然不是，只要是民生必需品，都會是有供應者的。只是由誰來供應而已，現在全球已經是個地球村，你看所有的兒童玩具不幾乎都是打上**made in china**的標記嗎？衣服會買到韓國貨，而電腦產品全球有六十％以上是台灣製造的。

但是房地產業不一樣，它是不能移動的，所以仍會有一些建商會生存下來，不過它的型態會改變。會以需求為導向，而不是像現在的房地產業者，先製造產品再吸引客人，現在的建商之所以會向銀行貸款，以至於弄到無法償還，全都是因為不顧到需求。

以為蓋好了房子，自然就有人會買。沒人能想到，供過於求，大家的經濟能力又開始衰退，大家首先要避免的消費，就是像他們這種金額又大又不是即時性的產品。所以才會套牢賣不掉，要解套，可能不是一件容易的事情。」

既然不容易解套，余先生也不想多去費心，話題一轉，於是又再問：「那您剛才說地球村的事情，對我們的台灣經濟，會如何的衝擊跟改變呢？」

金先生回答道：「地球本來就是一體的，只是海洋覆蓋住大部分表面，以至於看起來好像是各自獨立的。但是現在的交通、資訊發達，又把它連接起來。而這種趨勢以後會更加的明顯。產品生產過剩的問題，也會一直圍繞著我們。現在在比的，已經不是誰比較快的問題，而是直接革命，改朝換代。以電子產品而言，你看它的取代速度有多快，沒兩年你的電腦就必須要更新了。這就是以『直接取代』代替『速度競爭』，也就是典型產品過剩時代所走的趨勢。」

余先生一聽到「以直接取代」代替「速度競爭」楞在當場，回味這句話的精髓。

金先生又道：「就像你我而言，雖然我草創了幾家的上市公司，政黨關係也良好。但是，這有一部份得歸功於我父親打下的根基，一部份是我努力的結果，最後一部份卻得歸功於運氣好、能遇到貴人。但是你就無法再從我這裡沿襲下去，如果你還想要模仿我的成功模式的話，你就會走進死胡同，不可自拔。」

余先生開始緊張起來了，他最推崇的金先生，竟然說他的模式不適合他，他突然覺得手足無措，不知何去何從。

金先生看出他的窘境，微笑的說：

「你不要害怕，像我以食品起家，跨足建設、機電、銀行與電子通訊，你就沒辦法再從食品業起家，不是嗎？你仍然有你的空間，你只要記得我的精神就是沿襲我的傳承了。我之所以會有如此多的企業，完全也是順著時代的潮流在走的。我自認無法改變潮流，但至少我會察覺它並且順著它。而不是死守我的食品業。當然，我的管理能力也是有目共睹的，否則別人做不下去的行業，為何我還會有盈餘呢，但是我驕傲的不是在這裡，而是在於我會順著潮流，順勢而為。」

余先生有點迷糊，社會公認金先生的成就，但對他自己來說，反而不是很重要。於是道：「那豈不是隨波逐流，毫無己見。」

金先生道：「人浮於事，豈能處處牽強，若不隨波逐流，怎能成就事業，順勢而為可以省下很多力氣，並且可以錦上添花。你有見過被水沖垮的大樹，何時見過被水沖垮的浮萍呢。

像你現在開的企管顧問公司也該轉型的時候了。雖然你的功力很強，但是若企業的根都無法紮緊，你這附於樹上的藤蔓，又如何能生存下去呢？」

金先生這一說，把余先生嚇得冷汗直流。

余先生停了半天後道：「那我該如何自處呢？」

金先生道：「藤蔓雖然柔弱，但是他的延展性很強，如果把他的支脈，附於另一棵強健的樹上，以後就算其他的樹倒了。藤蔓仍可繼續生存，你可以繼續經營你的事業，但是其他方面，不可不去擴展、了解。」

余先生問道：「那我該如何擴展呢？」

金先生並不直接回答話，為余先生倒了一杯茶後，才語重心長的說：「我比你年長三十歲，我的未來不會比你長遠，我只能告訴你，以前的經驗和你現在的處境。至於未來，你以你的角度，會看的比我遠。你應該回去思索，做好功課後，再跨出去。這得你自己來，不能靠別人。不過你也不要擔心，我答應你，我會幫你檢視你做的功課，當作是扶你一把吧。」

余先生想了一下，終於露出微笑，就如同佛陀拈花示禪時，唯有台下的阿難頓悟的一笑一般，他也頓悟了有些事情必須自己來做，別人永遠幫不了你，也不能幫你。余先生告辭了金先生，離開了他的陽明山豪宅。

＊　＊　＊

十餘天後，余先生又來到金先生的陽明山豪宅。請益道：「我已經知道，我該如何走下一步了。」

金先生邊招待邊微笑道：「喔！說來聽聽。」

余先生自信的道：「我從事企管顧問多年，一直在幫許多的公司，解決它們的問題。卻忽略了一個最基本的問題，就是這企業該不該繼續存在的問題。

也就是說，當這企業已經受了重傷，我仍然會想辦法把他醫好，但是卻從不考慮『它為何受傷，醫好了再出去後，會不會再受更重的傷』如果它出去赤手空拳的向一個手拿先進武器的人挑釁，當然勝算不大。所以我決定直接跳脫思考槽臼，去依附那位拿先進武器的人，並且也醫療赤手空拳的人。」

又續道：「我的方法就是不放棄本業，而且知道投資勝於自己努力工作，我可以直接依附於強者，順著它的成就，成就自己。我列出投資的優點，以便說服我自己，其條列如下：

1. 它沒有人情壓力。
2. 它不需要交際應酬。
3. 它不需要體力，甚至生病、身體殘缺也可以從事。
4. 它不需要設備的成本。
5. 它不需要人員去管理。
6. 它也不需要店面租金。
7. 不用課稅，股票交易稅只有千分之三。

8.投資不需要忠誠。
9.不限定時間打卡上班。
10.別人努力，我坐享其成。
11.別人失敗，我卻可以脫身、坐視不管。
等十一項。」
金先生聽了哈哈大笑：「好小子，青出於藍，而勝於藍。你不但看出了你的未來，也把我的未來，給點出來了。小子成績斐然，以後成就必定不在我之下。希望你記得我對你的苦心，而能像我教導你一樣的，教導我的下一代。」

*　　*　　*

【投資診斷】

俗語有一句話說：「博士子好生，生意子難生。」做生意經驗的傳承，往往都不是父子世襲的，而是有能者居之。讀者千萬要記得，上例金先生引以為傲的不是他自己的管理能力，而是他會順勢而為的眼光。

23

證券業的趨勢

「老秦，不好了！我的證券公司不見了。」老段看了報紙後，向朋友老秦道：「今天的報紙說，原本的元大和京華兩家證券商，要合併為一家；所以我在京華開的戶，可能就會不見了。」

老秦原先嚇一大跳，但是聽完之後，老秦放心道：「原來如此，這是沒有關係的！反正你的股票是存在集保公司，並非存在京華證券裡頭，你到時候再去京華證券換個集保本就好了。」

老段道：「原來這麼簡單，我還以為要大費周章一番哩！」

老秦又續道：「不過證券業的不景氣，好像來得蠻快的，國外跨國的券商一家家的引進來，國內的券商開始要撐不住了，一家家的頂讓出去或者合併，以對抗外國的券商，我看證券公司的冬天，開始要來了。」

「不會吧！」老段道：「我看證券公司，開的就像是超商一樣多，應該很賺錢才對。否則賠錢的生意，怎麼會有人去做呢？」

「老弟！這你就不知道了！」老秦道：「他們都是騎虎難下！沒辦法呀；競爭

對手一直在擴充、合併，你若不跟著擴充，怎麼會贏人家呢！而且經營證券的，都是一些大財團，財大氣粗。既然已經投資下去了，就不可能輕易放棄的，否則怎麼向他們的股東交代呢？所以；只好不斷的擴充，其實他們後面幾年才開的據點，大部分都是很難賺到錢的。」

老段道：「難道他們都不知道，自己的問題嗎？」

「當然知道！怎麼可能不知道，就像有心臟病的人，明明就知道有心臟病，但是要醫好又何嘗是件容易的事情，常常只好走一步算一步了。」老秦道：「何況他們還有競爭對手，外來的壓力，對手在擴大，如果你沒有跟著擴大的話，很快就會被消滅了，到時候就血本無歸了！所以，只好跟著別人走，也就是不斷的擴充，用虛胖來壯大自己，到後來每個都像是個相撲選手一樣，力大而無當。」

「如果市場再繼續發展下去，會變成怎麼樣的局面呢？」老段有點感覺山雨欲來風滿樓的氣氛。

「不管以後怎樣地發展下去，也只會對消費者愈來愈有利而已。」老秦道：「

不過我倒覺得，因應外國券商的進駐趨勢，國內的券商，勢必要整合起來！凡是專業的券商，沒有自辦融資券的，又沒銀行團配合的。到時候應該會被合併，或者自行關閉。因為台灣的市場，畢竟就是一丁點而已，而且現在很多的資金，都匯到大陸去了，如果再沒有什麼產業的利基的話，台灣的市場就會逐漸的萎縮，何況是靠市場榮枯生存的券商呢？」

「這不是太殘酷了嗎！」老段道

「生存本來就是件殘酷的事。物競天擇、適者生存。」老秦道：「你看看台灣這幾年，已經把錢匯到大陸去了多少，我看再過幾年，政治上還再吵吵鬧鬧，經濟上卻早已經統一了。所以，你我也得想想，找家靠得住的券商。操作股票會好一些！」

「這我到不擔心！」老段道：「反正我投資的金額不大！只要近和方便就可以了。照你說的，以後的發展，對投資人只會更好，不會更壞。股票也不會無緣無故的沒了！反正我就只找附近的券商就好了。」

兩個人談了半天，既然證券商的未來發展，只有對他們投資人更有利。所以談到最後也是不了了之。反正現在他們看出的端倪，要到哪個時候才實現也不知道。或許永遠不會實現也不一定。因為許多事情的轉折都很大，如果去預測，都會失之偏頗。

*　　　*　　　*

【投資診斷】

台灣的股市從民國九十年起，營業時間由原來的中午十二點收盤，到現在的下午一點三十分收盤，使得券商和他的投資人的作息都產生極大的變化。投資再也沒辦法像以前一樣part time就可以解決了。又加上國外的券商大舉進入，帶來了他們的專業技巧：套利、配合摩根台指、配合海外發行的ADR、更多的是配合美國本土的道瓊，NASDAQ來操控台灣的電子股等等的手法，都讓國內的投資人，大開眼界。他們的財力、魄力，更是我們所不及的。

最後再加上，現在券商的手續費愈退愈高，以前是大戶的專利，現在變成只要是投資人，幾乎都可以享受得到的優惠，這使得券商的經營更加不易，所以才會有券商不斷的合併，使得大者恆大的局面，愈來愈烈。

還有一種券商的模式就是，要有專業的特性，在大者恆大之後，有一種券商亦會生存下來，那就是有金援的背景，也就是說有銀行團在背後支撐的公司，藉由整合銀行的資源而生存下來。然後，還有發揚自己的優點的證券公司也會生存下來，有些券商有其地方獨特的賣點，或者本身著重於某種獨特的金融操縱，也是可以因此而存活下來。而且或許以後會成為市場的另一種主流的代表也不一定。最容易會被消滅的公司，其實反而是那種只求擴大，不求單點績效的中大型券商，因為如果它們沒有銀行團的背景，只一味求擴大，到後來就會發現，擴大的點，反而成為它尾大不掉的包袱，最後反而是被它所拖累。

綜合以上的時間、外資、退佣的因素，以後的市場上一定會走到，專業的經紀人制度，由專業的人來管理資金，為個別的投資人量身定做個別的投資，散戶投資人將漸漸減少，這也是國外現行的模式。業務員不再是業務員，而是管理資金，涉獵股票、外匯、海外投資的專業經紀人。

24

開刀紀事

自從知道自己睡覺會打鼾以後，打鼾的毛病，隨著年紀的愈來愈增長，而愈來愈嚴重，最後嚴重到必須與妻子分房而睡，才不會打擾到她的生活作息。這使得我非常的痛苦，也迫使我積極的去找一些方法，想要來改善自己的症狀，但是在我的家族裡，幾乎每個人都會有打鼾的問題，所以自以為是遺傳的毛病，無法完全根除，除了一睡著，就打鼾影響到其他人的睡眠之外，還會有人因長期的呼吸不足，而造成個性的改變，慢性疾病的產生。也有人因為打鼾而在睡覺中呼吸道阻塞，因此而停止呼吸，造成死亡。其中的痛苦，非有這毛病的人難以體會。

在九二一地震之後，自己的東勢老家被地震震垮了，理所當然的，自己也成為了災民。所幸自己及家人並沒有受到傷害。但是，從此自己就多了一份災民健保卡。看病只要一點掛號費，住院只要住宿費以及伙食費。偶然的機會，知道長庚醫院有開辦打鼾門診，自己也趁著這個機會，好好的檢查一番，後來經過大約二週的時間，檢查的結果，終於出爐。

我得到的是遺傳性的鼻中隔彎曲，已經彎曲到壓迫一個鼻孔呼吸道，所以難怪我都只剩下一個鼻孔可以呼吸，常常大氣喘不過來，必須要用嘴巴呼吸代替。這樣的徵狀，醫生說只有一條路可走，就是開刀，把鼻中隔彎曲的骨骼及軟骨割掉，這樣一來，一輩子都不會再打鼾了，是治療打鼾中，最為簡單，卻又極為有效的辦法。

這樣的誘惑，的確蠻吸引我的，當時年紀三十六歲，如果平均壽命活到七十歲的話，現在開刀還可以用半輩子，萬一我練太極拳，練的不錯。又把我的壽命延長個十年八年的話，那豈不就更加的划算了，所以雖然聽說開這種刀很痛，但是為了自己的下半輩子，能夠有較為優質的生活。毅然決然的決定要來開這一刀。

第一天，自己在颱風天的下午，開車去長庚醫院報到。辦理事務的小姐告訴我，只剩下三人房以下的病房，我馬上回應說有沒有單人房的，我想氣派一點。那小姐聽到這話，心裡大概在想：『命都快沒了還想要氣派，真是無法理解。』

「如果等到四點鐘的話，就會有二人房。」不過她還是告訴我。

我馬上回答說：「就是等到十點鐘，如果有單人房也可以的。」

但是她還是搖搖頭，回答：「只有二人房而已，單人房都沒有了。」

我於是只好妥協道：「二人房就二人房吧，不過我想要靠窗戶的。」

果真我得到8G13B病床，也就是長庚醫療大樓八樓的病房。隔壁是位二十五歲，脊椎車禍受傷，下半身不能動彈的年輕人。看到他這樣子。心中還真的有些難過。一表人才的面相及體格，卻要躺在病床上，至少兩人陪伴著，不知是不是下半輩子都要如此過。

住病房後，一夜沒事，自己還好幾次偷換便服，東跑西跑到處亂逛，好幾次都被護士小姐糾正──「不可以沒報備亂跑，這是醫院的規定。」

晚上睡覺睡在病床的時候，想到隔壁床的年輕人，可能終身都要下半身不能動彈，終究有點難過，病房裡又沒有電視可以看，過了一個無聊的夜晚。

終於在第二天的下午，聽招呼換上手術服，躺在床上，由專業的「歐巴桑」推送我去手術室，心裡覺得一個大男人要躺在病床上，給別人推著走，實在很難看、尷尬。進到了手術房以後，護士小姐替我換了一件暖被，就給人送到另一間更冷的手術室去，因為其中的過程，我只能躺著，只看到醫院的天花板，換來換去。病床轉來轉去而已。心裡頭隨著病床的移動，愈來愈緊張了。

想到是自己人生的第一次手術時。不僅也害怕起來，又想到自己已把遺囑，寫在辦公室的抽屜裡面，那貧乏的內容，真是令自己汗顏。彷彿這個人曾經只是在世上輕輕的一縷清煙而已。

因為是局部麻醉，醫生只是用麻醉棉條塞進我的鼻孔裡面而已，其他部位的神經，我覺得反而覺得更加敏銳。但是眼睛是被矇住的，只露鼻口而已。

等到真正開刀的時候，其實並不怎麼難受，只是開刀的時候，因為只有局部麻醉，雖然不會覺得痛，但我確實可以感受到，手術刀從我鼻梁骨削過，把軟骨切去時，在我頭顱內所發出的，劈劈趴趴骨頭爆裂的聲音。甚至當手術刀切到我的鼻梁骨時，因為醫師很用力的關係，我的頭顱還會跟著移動，頭骨就好像是放在砧板上的肉骨頭一樣，隨著菜刀的落下而被迫移動一般。或許骨頭以這種方式，強烈表達它不要離開我吧。

「再見了，我的骨頭。」我的心理這麼想著。或許也感覺到，如果開刀只是這樣子的話，那還不怎麼難受哩。

可是當醫師，拿出榔頭時，我就覺得一切都完了。我甚至連看都沒有看到榔頭，因為我的眼睛是被矇起來的，就感覺到醫師的手術刀擺在我的鼻梁骨時，醫師向助手，說了一個英文名詞，當時就覺得很不妙，果真就覺得鼻梁骨上的手術刀，有種被重物敲擊的感覺，手術刀就順勢的砍進我的骨頭裡去了，刀子停留在骨頭裡，需要力量之大，大到必須要由助手代敲，我都覺得頭顱跟著榔頭的敲擊而往後移動，之後醫生每講一次話，榔頭就跟著敲擊一次，骨頭碎裂的聲音，就在我的鼻廬內響起一次。而我的頭顱也跟著往下震動一下。兩手緊張的抓住床沿，真想找個地洞鑽下去。

這時候真想趕快逃跑，不想再撐下去了，我幹嘛那麼無聊，自己沒事找事做啊，實在很後悔。盼不得趕快結束，（事後每次想起那時候的情況，心理總有一份莫名的恐懼，油然而生。彷佛敲擊的力道，和手術刀切掉骨頭的感覺，馬上就要發生似的。我想這就是有過重大傷害經驗的人，都特別怕同一件再度發生的感覺吧。）就覺得一下左鼻孔，一下右鼻孔，刀子換來換去。

吸血的工具，和手術刀進進出出我的鼻孔內，不過長庚黃霜瑩醫生的確是一個很好的醫師。每一步驟，她都會事先告知我，哪個步驟，會有怎樣的感覺，她都會事先告訴你，讓你有心理準備，不至於有被嚇到的感覺，的確是個難得的好醫師。鑾注意與病人的溝通，不過，在過程中，他倒有好幾次告訴我，「你的心跳太快了，情緒不要太緊張。」

真是廢話，刀子在你的頭顱裡進進出出，骨頭和肉劈劈趴趴的被割下來，而你自己又知道得很清楚，我想不會緊張的人，大概不多吧！

手術終於完成了，如果苦難就此結束，那也還可忍受。不過，這才是噩夢的開始而已，推回到病房時，終於感覺到大難結束了，心裡的一塊石頭，也就放下去了，昏昏沉沉的睡著了。

大概過了一小時左右，嘴唇開始乾燥，有龜裂的感覺，而且那種乾燥一直延伸到喉嚨去，原來，我的鼻子因為要止血，所以包的密不通風，呼吸全靠一張嘴，（這讓我想到狗拿耗子，全憑一張嘴。）如果時間不長倒也無所謂，可是時候一久，整個嘴巴，就像一個火爐似的，趕快忍痛起床用紙杯裝了一杯水拿紗布沾點擦擦嘴唇，因為剛開完刀，是要禁食四小時的，滴水都不能沾的，這才算是苦難的第一步。

大概過了一個半小時候，就覺得怎樣也睡不著了，濕紗布也擦了好幾回，人怎麼變的越來越難過。手一摸額頭，乖乖原來已經在發燒了，已經有十幾年不知道發燒的感覺了，而且麻藥開始退了，鼻子也開始痛了起來，那種痛才真的叫做錐心刺骨，刺骨的陣痛一直來襲，躲也無處躲。我想也是，骨頭被割去一塊，要是完全沒有反應那才是怪事。後來發現鼻子裡也開始流血了，拉了緊急鈴叫了護士，隔了許久才見人來。不知道是它們的服務態度不好，還是我痛得度日如年。後來護士來了，據她告知，才知道原來會一直的流血，唯一的辦法就是一直換紗布，一直的換紗布，一直等到鼻子不流血為止。

到這一刻，我終於有悔不當初的感覺，早知道會如此費勁。我想我會認真考慮到底要不要挨這一刀，我請朋友幫我弄一個冰枕來，可是感覺上一點用處也沒有，還是輾轉難眠，才覺得如果能睡著，真是人間一大福氣。

後來我又休息了一下，趁還有些體力，向護士小姐借了一個點滴架，邊扶邊走的，走到B1樓的商店街去，買了護唇膏、透氣膠帶、紗布。昏昏沉沉的找了一間廁所趕緊把紗布、膠帶換上新的，又費了九牛二虎之力，把護唇膏打開，把它擦上嘴唇，嘴唇的乾裂，總算好了一點了。

我才覺得電視裡，醫院的護士幫你打針吃藥，換東換西的，彷彿就是痴人說夢。我一點待遇也沒碰到，都是我自己動手的。紗布、膠帶也是我自己買的，如果今天是動腳的手術的話，那我該怎麼辦，彷彿沒有親屬陪伴的人，就活該要自生自滅似的。連三餐也沒人幫我準備，我就有一頓沒一頓的過了一天，當時我只吃一些隔了餐的麵包而已。

世界就是那麼奇妙，當你以為無路可走時，柳暗花明又一村。回到病房沒多久後，就看護士，拿了一份我的藥給我，裡面有止痛、退燒。我馬上就吃了下去，說也奇怪，沒多久，我就一點也不會覺得難過了，很快吃點東西後就上床睡覺去了，一覺睡到五點，起來洗了個澡。

雖然鼻子仍然塞著，但已經感覺到好像在度假一樣，到了第三日也就是開刀後第二天，下午，約三點鐘，自己走到醫生手術房，另外一位醫生就把我鼻子裡的棉花給拿掉，那棉花竟然每邊有四、五條之多，每條大約有七、八公分之長，當他全部抽出來時，的確把我嚇了一大跳。難怪我一點氣也吸不到，因為都被塞死了嘛。

當醫生把紗布和棉花抽出來的時候，著實疼了好久，錐心刺骨的痛又來侵襲我了，連眼淚都不自主的流出來了，可想見其痛的一斑，但是當他說：「若無事，明天就可以出院了。」我想終於可以結束這次的醫院生活了。

我終於可以出院了，第四日當我再到十二樓去檢查時，那裡的住院詹姓醫師幫我再止血一次時，他做如此的宣布。告訴我，到樓下等他們把手續辦好，就可以出院了，我第一次有重生的感覺，又好像要等待退伍的心情一樣。我回到病房把我的東西整理好，就等護士小姐拿出院登記給我，但是你若不催促護士，你可能永遠辦不了什麼事情，在我再三催促之下，我還是等了好久，過了午後又還沒辦成，只好跑到在醫院的地下商城中，狠狠的吃了一份午餐，由於傷口容易流血，有時還邊吃邊流血，旁人看到，大概會認為死命都要吃吧。其實我已經餓了很久了。回到8G13B後（那是我的病床編號）隔壁床的年輕人告訴我，護士小姐叫我回來後去找他們，我想我終於可以回家了吧。

於是我拿到了這四天的費用明細，總共是三〇九〇元去繳款，我想不會是錯了吧！怎麼會那麼便宜呢，後來我想可能是我用九二一災民健保卡的關係吧，只收病房費，和一點點費用而已。於是等我繳完錢後，我就自己開我自己的車子回家了。若正常的話，我可能要付上七二〇元的停車費，但我靈機一動，告訴收費員我的停車卡掉了。

她於是臉色凝重的告訴我：「那要付當日最高金額一八〇元喔。」

我於是也臉色臭臭的說:「好吧，最高就最高吧。」一臉不悅兼無奈的表情。於是我就給了四天的停車費共一八〇元後，心中竊笑的開車，走人了。

*　　*　　*

【投資診斷】

其實我躺在要送去開刀房的病床上時，我已經完全的後悔了，但我能有反悔的餘地嗎?或許有能力做，但沒有餘地，這就是我得到的心得——舉凡成就一件事，意志形成行動，而行動需要靠勇氣不斷的支撐。

其中堅持去做鼻中隔手術，就像是在股市裡，堅持自己的操作策略一樣，該做就做，沒有意願的問題。而決定開刀就像是決定股票的停損一樣，雖當時很痛苦，但是對後來的形式，有很大的幫助，忍忍牙就過去了。至於停車繳費更像是靈活的手段，不能一成不變，應該遵循對自己最佳狀態的想法，才能讓自己生活在遊刃有餘的空間裡。有趣吧!

25 後記

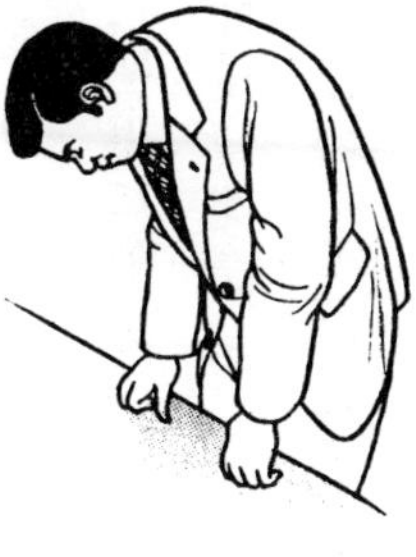

以上的故事，許多在讀者的周遭，或許就可以找得到類似的案例。這也是我想要表達的方式，不用專業與艱澀的專有名詞與作法，去表達一件事情。因為我發現在我二十三萬筆成交紀錄裡，交易的也大部分是和你我一樣的平凡投資人。所以，借平凡人之手成就不平凡之事，不是更可貴、更值得珍惜嗎？

現在股票投資在台灣，可以說是已經普遍到極點。台北市裡三、五步就有一家證券公司，台灣省每個城鎮裡，幾乎都有一、二家券商在。真可說得是，一種很普遍的全民運動。但是據筆者的觀察，股市投資是件入門容易，而精通卻極難的東西。所以，才會有所謂八成的投資人都是投資虧損的，但是它卻是一件立意極好的東西，它可以是讓政府、上市公司、投資人三贏的一種投資架構。

如果投資人能看清楚這一點，而不是把它導向到賭博傾向的話，它就可以創造出三贏的組合。

一般民眾可能一輩子，都沒有辦法去開一家較具規模的公司。但是若透過股票市場的投資，他就有可能變成愛做什麼行業，就做什麼行業的市場大亨。可以今天是做筆記型電腦的廣達的老闆，明天成為銀行的龍頭老大，後天又變成生化科技的背後老闆，簡直比演川戲中的變臉還要快速的轉變角色。投資人靠這個市場，很容易的主客易位，由原來的市井小民，轉身一變，成為提供資金的幕後老闆，那種感覺真是令人愉快。

否則，假若沒有股市的話？如果現在我拿錢到台積電、聯電的公司去。向張忠謀、曹興誠說：「我要投資你的公司，這錢你拿去，開張股東權利給我。」你想他們會理我嗎？不把我當瘋子趕出來，就算好的。所以有股市真是好，它可以實現你參與高獲利公司的夢想，也不必有特權、或者門路才能分到一杯羹。

而且在許多的投資人當中，常常又有幾位會因投資正確，而成為鉅富，更是令人稱羨。人家開公司是白手起家，我們就不需要那麼累，還可以坐在白手起家的人，所抬的轎子上面。你只要一日不下轎，他一輩子就得抬著你，由不得他。這不是件很划算又很過癮的事情嗎？所以，以正面來看股票市場，真的有百利而無一害，是一個好的不得了的結構。

但是，我們更常聽到別人投資失利，若有人曾經在投資股票上吃過虧，一定是在投資策略的某方面，出了問題。應該仔細研究自己對股市的認知上，哪裡了問題。而不是直接放棄，不再參與。

如果想調整對股市的價值觀，我所著的《突破股市瓶頸》一書，是一個很好的工具書，可以讓讀者直接把觀念導正過來。而若是放棄的話，也就是等於放棄了從平凡升格為富有的階梯了。

綜觀現在的社會，已不像以前可以從客廳即工廠，到成為一家大規模的公司，甚至於成為上市公司的時代。這種環境已經不存在了，大時代的巨輪讓我們成為地球村的一份子。而且這種刻苦努力的人心，也不復存在。不是說現在的環境沒有以前好、現在的人不比過去的人努力。而是說現在的人，要有現在人的理財之道。就以美國微軟公司而言，比爾蓋茲現有的金錢，根本不是他一輩子所能花完的，如果我們有本事，在不違法的情況之下，能從他那裡弄些錢過來的話，相信必能改變我們的生活。也無損於他的富有，股市就可以讓你達到這樣的境界，何樂而不為呢！

既然股市有機會讓人從平凡變為富有，我們就應該好好掌握其中的要訣，以便也讓現在的我們有個生財之道。我現在再把前面故事所引導出來的觀念，再一次的整理，順便加上沒有談到的觀念一道提列於後。讓各位讀者可以輕易了解面對股市運作應有的態度。

1.在股市裡表面上是錢的交易，其實背後是人在操縱著。而人又限於他的種種背景不同，進而產生不同的投資模式，但是歸根究底，還是在於人性的反應。**股票市場只是在反映人性而已**，因為人只是人，不是神，是無法突破人性的限制。

2.股票是各自做各自的，有的看好，有的看壞，才會有買賣成交；有的看基本面，有的看技術面；有的完全自我判斷，有的道聽塗說，甚至有的是看節氣，算易經來買賣的。所以，不用去說服他人，也不需要聽取他人的意見，**只要自己做自己的股票就好了**。

3.當股票市場還在渾沌不明時，就是股價表現最好的時候，在紛紛嚷嚷中，其實是最安全的時候。真正等到人云亦云立場一致時、股票好像非買不可的時候，也就是股票要大幅回檔的時候到了。**所以股票市場真的是混水好摸魚，水清則無魚**。

4.**股市不會因為你而改變**，不管你是散戶、小戶、大戶、主力，還是基金操盤人，甚至於公司負責人、外資，你都無法改變股市的走向。甚至於單一個股走勢都沒辦法控制，不要以為公司是你開創的，你就可以完全控制。要知道，把公司公開發行出去之後，公司就像小孩已經長大一樣，它就已經獨立了，不會再受原來的控制，它是一個公眾財。何況我們根本都不是公司的創始人。

5.**股票市場的組織結構不斷的改變**，上市公司的股東天天在變，員工一年三六五天，天天都在換老闆。

6.我們要投資一支股票時，第一要想到的是，下一個交易日，它會不會漲。這叫做——趨勢的延伸，也就是**順勢而為的基本想法**。順勢要順主流股，主流類股正是市場上，最熱門的類股，它吸收最多的財氣，而錢是物以類聚的，人多好辦事，錢多更好辦事。主流類股正是把錢聚集在一起的地方，有了錢，做後盾就算業績不好，股價照樣也能漲翻天。

7.股市裡頭千變萬化，您若有空，把所有的個股股票k線，都調出來看看。就會發現所有的k線線型，沒有一個是完全一模一樣的。偶而有類似的，但也是大同小異，內容更是相差十萬八千里。**所有的股票都有它們自己的走勢**。但是若是深入去研究，就會發現其實只有三大類的走勢。就是一、上升格局。二、下降格局。三、盤整格局，這三種格局而已。

8.當你要買股票時，應該**把所有的注意力，都集中在這支股票明天會不會漲**的方面去。如此，你的思緒開始變的敏感起來，會對今天的股市亂象，一點也不介意。甚至還可以利用一番哩，心境自然通透清明。

9.什麼是投資最好的策略？那就是順勢與停損，「**股票只有在做順勢和停損的活動而已**」為何賣股票因為在做停損，為何要買股票因為在做順勢。順勢與停損做的好，股市的財源，也就源源不斷的流入口袋。

10.**不做任何的預測，不預設壓力與支撐**。對股票的態度不對，有很高的技術和很高的功力，所能著墨的地方，常常也是很有限的。如果做了「預設壓力與支撐」的事，這個最不應該做的事情，在大前提不對的情況下，所做的行為又怎麼會對呢？

11.商人無祖國，投資人更應該無忠誠度才對。不需要對您投資的公司忠誠，**只對自己的投資忠誠**就好了。股票投資，只是您利用它來賺錢的工具而已。

12.只設停損，不設停利，獲利是很難找，如果賺到一票就跑的話，肯定是會吃大虧的。所以，當您**找到一個很好的標的物股票時，千萬不要太快獲利**，因為如果登堂而不入室的話，永遠不知到後面到底有多少好料等著您，有時候一支股票，在天時、地利、人和的情況配合下，可以飆漲好幾倍的價格。

13.**避免當沖**，據交易所統計，當沖的行為當中，九十%以上的當沖都是輸錢的，既然會輸錢就不符合我們的目的(一個安全的投資行為)，若有太大的風險就應該避掉。至少在用的時候也要以避險為主，而不是以當沖賺利差為主。否則，賺的時候不多，賠的時候可就不少了。

14.**股票投資操作方法，沒有長短線之分**，而應該判斷當初作決定時，那些因素消失了沒有。是不是被相反的另外一個因素取代了，在還沒判斷出來之前是不能直接改變投資方向的，而不是以時間長短去決定。

15.千萬不要用正向的人生態度看待股市，股票之所以會有漲跌，並不在於誰是老闆，也不在於公司的獲利狀況。而是有人買賣股價才會變動，愈多的人買，股價就愈會漲。而他們買賣的結果，就是籌碼分布的狀況，籌碼愈集中，股價愈會飆，**分析籌碼才是作股票的正途**。

16.**避免地雷股**，是投資初期最重要的事情。如何避免，就是要有一個投資的品管的存在。凡是一、價格異常高或低；二、月營收不理想；三、調降財測幅度過大；四、公司喜歡護盤；五、公司負債過大；六、資券餘額偏高太多；七、價格淨值比偏高；八、喜歡操縱外匯；九、本益比數年都維持高檔；十、董監持股質押過大；十一、成交量太小；十二、每股盈餘（EPS）過小；十三、明顯主力炒作；十四、母公司、子公司交叉持股；十五、週轉率過大。的股票，就像是有問題的產品，應該留在廠內，不應該流入到USER的手中一樣，有問題的股票，應該留在公司裡，而不應該在我們投資人的手中。

17.股票市場，是錢的市場，**有錢才能進來**的場所，沒有錢、或錢不夠、或錢只能短期使用，千萬不要進入這個場所，因為這樣的風險太大。

18.股市是一個大洪流，身處於洪流中的投資人，只是洪流中的一小點，主力也不過是暫時的一股小支流罷了。我們根本是無法完全掌控或知道洪流要往哪一個方向走。所以只有**拋棄成見**的投資人，才能和洪流一起前進。

19.股市的交易勝負是在於，銀行本子裡的金額一筆進，一筆出的加減值。縱然曾經擁有股票的高價，**沒有回歸到銀行本子裡，仍然是美夢一場**。

20.股市的表現，會早市場上二～三季，而不是反應現在你正在看到的消息，和過去的營收狀況，**股市是反應未來的**。

21.我們真的無法了解，一家公司到底它的財務狀況如何，因為有太多的修飾者在把關，以至於到我們手中的財務報表，都是美化過的、不真實的，千萬**不要太相信上市公司的財務報表**。

22.買股票的三部曲就是一、研判「勢」。二、順勢買股票。三、找停損出股票。獲不獲利，賺多少，賠多少都不是在裡面的過程，千萬不要搞混了，更不要拿來當買賣股票的依據，切記。要把它**當作我們在玩順勢而為的遊戲**。勢順了，價格也自然漂亮起來了。

如果投資人，依照上述的二十二項觀念去做的話，你會發現一個我統計了二十三萬筆成交紀錄之後，所得到的一個結論。

一個如何讓投資股票獲利的原則：「**股票會賺錢，是因為順勢，不會賺錢是因為逆勢；股票之所以不會賠錢是因為停損，而會賠錢就是因為死抱、套牢**」。這是一個絕對不變的鐵則，股票投資要「活」，不是要「變」，但是要以這個原則為基礎。只要依照這個原則操做，就會是一位能悠遊於股海的優質投資人。所以讓我們一起努力成為優質投資人吧。

※　　※　　※

如果你覺得我講的不錯的話，又有興趣與我聯絡，或者你有更高明的見解，想要與我分享的話。我留下一個 E-mail:gwojoe@yahoo.com.tw。這是我一個私人的電子信箱號碼，在e世代裡每個人都需要有一個個人的信箱。雖然它只是一個電子信箱，不過我會盡量抽時間與你溝通的。

畢竟心靈的契合，才是人類最重視的境界，如果你認同了我的觀念，你也就是我的朋友了。朋友貴在交心，不是嗎？

大展出版社有限公司 品冠文化出版社	圖書目錄

地址：台北市北投區（石牌）
致遠一路二段 12 巷 1 號
郵撥：0166955～1
電話：(02)28236031
28236033
傳真：(02)28272069

法律專欄連載・大展編號 58

台大法學院　法律學系／策劃
法律服務社／編著

1. 別讓您的權利睡著了(1)　200 元
2. 別讓您的權利睡著了(2)　200 元

・生活廣場・品冠編號 61・

1.	366 天誕生星	李芳黛譯	280 元
2.	366 天誕生花與誕生石	李芳黛譯	280 元
3.	科學命相	淺野八郎著	220 元
4.	已知的他界科學	陳蒼杰譯	220 元
5.	開拓未來的他界科學	陳蒼杰譯	220 元
6.	世紀末變態心理犯罪檔案	沈永嘉譯	240 元
7.	366 天開運年鑑	林廷宇編著	230 元
8.	色彩學與你	野村順一著	230 元
9.	科學手相	淺野八郎著	230 元
10.	你也能成為戀愛高手	柯富陽編著	220 元
11.	血型與十二星座	許淑瑛編著	230 元
12.	動物測驗—人性現形	淺野八郎著	200 元
13.	愛情、幸福完全自測	淺野八郎著	200 元
14.	輕鬆攻佔女性	趙奕世編著	230 元
15.	解讀命運密碼	郭宗德著	200 元
16.	由客家了解亞洲	高木桂藏著	220 元

・女醫師系列・品冠編號 62

1.	子宮內膜症	國府田清子著	200 元
2.	子宮肌瘤	黑島淳子著	200 元
3.	上班女性的壓力症候群	池下育子著	200 元
4.	漏尿、尿失禁	中田真木著	200 元
5.	高齡生產	大鷹美子著	200 元
6.	子宮癌	上坊敏子著	200 元

7. 避孕　早乙女智子著　200元
8. 不孕症　中村春根著　200元
9. 生理痛與生理不順　堀口雅子著　200元
10. 更年期　野末悅子著　200元

・傳統民俗療法・品冠編號 63

1. 神奇刀療法　潘文雄著　200元
2. 神奇拍打療法　安在峰著　200元
3. 神奇拔罐療法　安在峰著　200元
4. 神奇艾灸療法　安在峰著　200元
5. 神奇貼敷療法　安在峰著　200元
6. 神奇薰洗療法　安在峰著　200元
7. 神奇耳穴療法　安在峰著　200元
8. 神奇指針療法　安在峰著　200元
9. 神奇藥酒療法　安在峰著　200元
10. 神奇藥茶療法　安在峰著　200元

・彩色圖解保健・品冠編號 64

1. 瘦身　主婦之友社　300元
2. 腰痛　主婦之友社　300元
3. 肩膀痠痛　主婦之友社　300元
4. 腰、膝、腳的疼痛　主婦之友社　300元
5. 壓力、精神疲勞　主婦之友社　300元
6. 眼睛疲勞、視力減退　主婦之友社　300元

・心 想 事 成・品冠編號 65

1. 魔法愛情點心　結城莫拉著　120元
2. 可愛手工飾品　結城莫拉著　120元
3. 可愛打扮 & 髮型　結城莫拉著　120元
4. 撲克牌算命　結城莫拉著　120元

・少年偵探・品冠編號 66

1. 怪盜二十面相　江戶川亂步著　特價 189元
2. 少年偵探團　江戶川亂步著　特價 189元
3. 妖怪博士　江戶川亂步著　特價 189元
4. 大金塊　江戶川亂步著　特價 230元
5. 青銅魔人　江戶川亂步著　特價 230元
6. 地底偵探王　江戶川亂步著
7. 透明怪人　江戶川亂步著

8. 怪人四十面相	江戶川亂步著	
9. 宇宙怪人	江戶川亂步著	
10. 恐怖的鐵塔王國	江戶川亂步著	
11. 灰色巨人	江戶川亂步著	
12. 海底魔術師	江戶川亂步著	
13. 黃金豹	江戶川亂步著	
14. 魔法博士	江戶川亂步著	
15. 馬戲怪人	江戶川亂步著	
16. 魔人剛果	江戶川亂步著	
17. 魔法人偶	江戶川亂步著	
18. 奇面城的秘密	江戶川亂步著	
19. 夜光人	江戶川亂步著	
20. 塔上的魔術師	江戶川亂步著	
21. 鐵人Q	江戶川亂步著	
22. 假面恐怖王	江戶川亂步著	
23. 電人M	江戶川亂步著	
24. 二十面相的詛咒	江戶川亂步著	
25. 飛天二十面相	江戶川亂步著	
26. 黃金怪獸	江戶川亂步著	

・武術特輯・大展編號 10

1. 陳式太極拳入門	馮志強編著	180 元
2. 武式太極拳	郝少如編著	200 元
3. 練功十八法入門	蕭京凌編著	120 元
4. 教門長拳	蕭京凌編著	150 元
5. 跆拳道	蕭京凌編譯	180 元
6. 正傳合氣道	程曉鈴譯	200 元
7. 圖解雙節棍	陳銘遠著	150 元
8. 格鬥空手道	鄭旭旭編著	200 元
9. 實用跆拳道	陳國榮編著	200 元
10. 武術初學指南	李文英、解守德編著	250 元
11. 泰國拳	陳國榮著	180 元
12. 中國式摔跤	黃　斌編著	180 元
13. 太極劍入門	李德印編著	180 元
14. 太極拳運動	運動司編	250 元
15. 太極拳譜	清・王宗岳等著	280 元
16. 散手初學	冷　峰編著	200 元
17. 南拳	朱瑞琪編著	180 元
18. 吳式太極劍	王培生著	200 元
19. 太極拳健身與技擊	王培生著	250 元
20. 秘傳武當八卦掌	狄兆龍著	250 元
21. 太極拳論譚	沈　壽著	250 元
22. 陳式太極拳技擊法	馬　虹著	250 元

23. 二十四式太極拳 / 三十二式太極劍	闞桂香著	180 元
24. 楊式秘傳 129 式太極長拳	張楚全著	280 元
25. 楊式太極拳架詳解	林炳堯著	280 元
26. 華佗五禽劍	劉時榮著	180 元
27. 太極拳基礎講座：基本功與簡化 24 式	李德印著	250 元
28. 武式太極拳精華	薛乃印著	200 元
29. 陳式太極拳拳理闡微	馬　虹著	350 元
30. 陳式太極拳體用全書	馬　虹著	400 元
31. 張三豐太極拳	陳占奎著	200 元
32. 中國太極推手	張　山主編	300 元
33. 48 式太極拳入門	門惠豐編著	220 元
34. 太極拳奇人奇功	嚴翰秀編著	250 元
35. 心意門秘籍	李新民編著	220 元
36. 三才門乾坤戊己功	王培生編著	220 元
37. 武式太極劍精華 +VCD	薛乃印編著	350 元
38. 楊式太極拳	傅鐘文演述	200 元
39. 陳式太極拳、劍 36 式	闞桂香編著	250 元
40. 正宗武式太極拳	薛乃印著	220 元

・原地太極拳系列・大展編號 11

1. 原地綜合太極拳 24 式	胡啟賢創編	220 元
2. 原地活步太極拳 42 式	胡啟賢創編	200 元
3. 原地簡化太極拳 24 式	胡啟賢創編	200 元
4. 原地太極拳 12 式	胡啟賢創編	200 元

・名師出高徒・大展編號 111

1. 武術基本功與基本動作	劉玉萍編著	200 元
2. 長拳入門與精進	吳彬　等著	220 元
3. 劍術刀術入門與精進	楊柏龍等著	220 元
4. 棍術、槍術入門與精進	邱丕相編著	220 元
5. 南拳入門與精進	朱瑞琪編著	元
6. 散手入門與精進	張　山等著	元
7. 太極拳入門與精進	李德印編著	元
8. 太極推手入門與精進	田金龍編著	元

・實用武術技擊・大展編號 112

1. 實用自衛拳法	溫佐惠著
2. 搏擊術精選	陳清山等著

・道學文化・大展編號 12

1.	道在養生：道教長壽術	郝　勤等著	250 元
2.	龍虎丹道：道教內丹術	郝　勤著	300 元
3.	天上人間：道教神仙譜系	黃德海著	250 元
4.	步罡踏斗：道教祭禮儀典	張澤洪著	250 元
5.	道醫窺秘：道教醫學康復術	王慶餘等著	250 元
6.	勸善成仙：道教生命倫理	李　剛著	250 元
7.	洞天福地：道教宮觀勝境	沙銘壽著	250 元
8.	青詞碧簫：道教文學藝術	楊光文等著	250 元
9.	沈博絕麗：道教格言精粹	朱耕發等著	250 元

・易學智慧・大展編號 122

1.	易學與管理	余敦康主編	250 元
2.	易學與養生	劉長林等著	300 元
3.	易學與美學	劉綱紀等著	300 元
4.	易學與科技	董光壁　著	280 元
5.	易學與建築	韓增祿　著	280 元
6.	易學源流	鄭萬耕　著	元
7.	易學的思維	傅雲龍等著	元
8.	周易與易圖	李　申　著	元

・神算大師・大展編號 123

1.	劉伯溫神算兵法	應　涵編著	280 元
2.	姜太公神算兵法	應　涵編著	280 元
3.	鬼谷子神算兵法	應　涵編著	280 元
4.	諸葛亮神算兵法	應　涵編著	280 元

・秘傳占卜系列・大展編號 14

1.	手相術	淺野八郎著	180 元
2.	人相術	淺野八郎著	180 元
3.	西洋占星術	淺野八郎著	180 元
4.	中國神奇占卜	淺野八郎著	150 元
5.	夢判斷	淺野八郎著	150 元
6.	前世、來世占卜	淺野八郎著	150 元
7.	法國式血型學	淺野八郎著	150 元
8.	靈感、符咒學	淺野八郎著	150 元
9.	紙牌占卜術	淺野八郎著	150 元
10.	ESP 超能力占卜	淺野八郎著	150 元

11. 猶太數的秘術	淺野八郎著	150 元
12. 新心理測驗	淺野八郎著	160 元
13. 塔羅牌預言秘法	淺野八郎著	200 元

・趣味心理講座・大展編號 15

1. 性格測驗① 探索男與女	淺野八郎著	140 元
2. 性格測驗② 透視人心奧秘	淺野八郎著	140 元
3. 性格測驗③ 發現陌生的自己	淺野八郎著	140 元
4. 性格測驗④ 發現你的真面目	淺野八郎著	140 元
5. 性格測驗⑤ 讓你們吃驚	淺野八郎著	140 元
6. 性格測驗⑥ 洞穿心理盲點	淺野八郎著	140 元
7. 性格測驗⑦ 探索對方心理	淺野八郎著	140 元
8. 性格測驗⑧ 由吃認識自己	淺野八郎著	160 元
9. 性格測驗⑨ 戀愛知多少	淺野八郎著	160 元
10. 性格測驗⑩ 由裝扮瞭解人心	淺野八郎著	160 元
11. 性格測驗⑪ 敲開內心玄機	淺野八郎著	140 元
12. 性格測驗⑫ 透視你的未來	淺野八郎著	160 元
13. 血型與你的一生	淺野八郎著	160 元
14. 趣味推理遊戲	淺野八郎著	160 元
15. 行為語言解析	淺野八郎著	160 元

・婦 幼 天 地・大展編號 16

1. 八萬人減肥成果	黃靜香譯	180 元
2. 三分鐘減肥體操	楊鴻儒譯	150 元
3. 窈窕淑女美髮秘訣	柯素娥譯	130 元
4. 使妳更迷人	成　玉譯	130 元
5. 女性的更年期	官舒妍編譯	160 元
6. 胎內育兒法	李玉瓊編譯	150 元
7. 早產兒袋鼠式護理	唐岱蘭譯	200 元
8. 初次懷孕與生產	婦幼天地編譯組	180 元
9. 初次育兒 12 個月	婦幼天地編譯組	180 元
10. 斷乳食與幼兒食	婦幼天地編譯組	180 元
11. 培養幼兒能力與性向	婦幼天地編譯組	180 元
12. 培養幼兒創造力的玩具與遊戲	婦幼天地編譯組	180 元
13. 幼兒的症狀與疾病	婦幼天地編譯組	180 元
14. 腿部苗條健美法	婦幼天地編譯組	180 元
15. 女性腰痛別忽視	婦幼天地編譯組	150 元
16. 舒展身心體操術	李玉瓊編譯	130 元
17. 三分鐘臉部體操	趙薇妮著	160 元
18. 生動的笑容表情術	趙薇妮著	160 元
19. 心曠神怡減肥法	川津祐介著	130 元

20. 內衣使妳更美麗	陳玄茹譯	130 元
21. 瑜伽美姿美容	黃靜香編著	180 元
22. 高雅女性裝扮學	陳珮玲譯	180 元
23. 蠶糞肌膚美顏法	坂梨秀子著	160 元
24. 認識妳的身體	李玉瓊譯	160 元
25. 產後恢復苗條體態	居理安・芙萊喬著	200 元
26. 正確護髮美容法	山崎伊久江著	180 元
27. 安琪拉美姿養生學	安琪拉蘭斯博瑞著	180 元
28. 女體性醫學剖析	增田豐著	220 元
29. 懷孕與生產剖析	岡部綾子著	180 元
30. 斷奶後的健康育兒	東城百合子著	220 元
31. 引出孩子幹勁的責罵藝術	多湖輝著	170 元
32. 培養孩子獨立的藝術	多湖輝著	170 元
33. 子宮肌瘤與卵巢囊腫	陳秀琳編著	180 元
34. 下半身減肥法	納他夏・史達賓著	180 元
35. 女性自然美容法	吳雅菁編著	180 元
36. 再也不發胖	池園悅太郎著	170 元
37. 生男生女控制術	中垣勝裕著	220 元
38. 使妳的肌膚更亮麗	楊　皓編著	170 元
39. 臉部輪廓變美	芝崎義夫著	180 元
40. 斑點、皺紋自己治療	高須克彌著	180 元
41. 面皰自己治療	伊藤雄康著	180 元
42. 隨心所欲瘦身冥想法	原久子著	180 元
43. 胎兒革命	鈴木丈織著	180 元
44. NS 磁氣平衡法塑造窈窕奇蹟	古屋和江著	180 元
45. 享瘦從腳開始	山田陽子著	180 元
46. 小改變瘦 4 公斤	宮本裕子著	180 元
47. 軟管減肥瘦身	高橋輝男著	180 元
48. 海藻精神秘美容法	劉名揚編著	180 元
49. 肌膚保養與脫毛	鈴木真理著	180 元
50. 10 天減肥 3 公斤	彤雲編輯組	180 元
51. 穿出自己的品味	西村玲子著	280 元
52. 小孩髮型設計	李芳黛譯	250 元

・青 春 天 地・大展編號 17

1. A 血型與星座	柯素娥編譯	160 元
2. B 血型與星座	柯素娥編譯	160 元
3. O 血型與星座	柯素娥編譯	160 元
4. AB 血型與星座	柯素娥編譯	120 元
5. 青春期性教室	呂貴嵐編譯	130 元
7. 難解數學破題	宋釗宜編譯	130 元
9. 小論文寫作秘訣	林顯茂編譯	120 元
11. 中學生野外遊戲	熊谷康編著	120 元

12. 恐怖極短篇	柯素娥編譯	130 元
13. 恐怖夜話	小毛驢編譯	130 元
14. 恐怖幽默短篇	小毛驢編譯	120 元
15. 黑色幽默短篇	小毛驢編譯	120 元
16. 靈異怪談	小毛驢編譯	130 元
17. 錯覺遊戲	小毛驢編著	130 元
18. 整人遊戲	小毛驢編著	150 元
19. 有趣的超常識	柯素娥編譯	130 元
20. 哦！原來如此	林慶旺編譯	130 元
21. 趣味競賽 100 種	劉名揚編譯	120 元
22. 數學謎題入門	宋釗宜編譯	150 元
23. 數學謎題解析	宋釗宜編譯	150 元
24. 透視男女心理	林慶旺編譯	120 元
25. 少女情懷的自白	李桂蘭編譯	120 元
26. 由兄弟姊妹看命運	李玉瓊編譯	130 元
27. 趣味的科學魔術	林慶旺編譯	150 元
28. 趣味的心理實驗室	李燕玲編譯	150 元
29. 愛與性心理測驗	小毛驢編譯	130 元
30. 刑案推理解謎	小毛驢編譯	180 元
31. 偵探常識推理	小毛驢編譯	180 元
32. 偵探常識解謎	小毛驢編譯	130 元
33. 偵探推理遊戲	小毛驢編譯	180 元
34. 趣味的超魔術	廖玉山編著	150 元
35. 趣味的珍奇發明	柯素娥編著	150 元
36. 登山用具與技巧	陳瑞菊編著	150 元
37. 性的漫談	蘇燕謀編著	180 元
38. 無的漫談	蘇燕謀編著	180 元
39. 黑色漫談	蘇燕謀編著	180 元
40. 白色漫談	蘇燕謀編著	180 元

・健康天地・大展編號 18

1. 壓力的預防與治療	柯素娥編譯	130 元
2. 超科學氣的魔力	柯素娥編譯	130 元
3. 尿療法治病的神奇	中尾良一著	130 元
4. 鐵證如山的尿療法奇蹟	廖玉山譯	120 元
5. 一日斷食健康法	葉慈容編譯	150 元
6. 胃部強健法	陳炳崑譯	120 元
7. 癌症早期檢查法	廖松濤譯	160 元
8. 老人痴呆症防止法	柯素娥編譯	170 元
9. 松葉汁健康飲料	陳麗芬編譯	150 元
10. 揉肚臍健康法	永井秋夫著	150 元
11. 過勞死、猝死的預防	卓秀貞編譯	130 元
12. 高血壓治療與飲食	藤山順豐著	180 元

13. 老人看護指南	柯素娥編譯	150 元
14. 美容外科淺談	楊啟宏著	150 元
15. 美容外科新境界	楊啟宏著	150 元
16. 鹽是天然的醫生	西英司郎著	140 元
17. 年輕十歲不是夢	梁瑞麟譯	200 元
18. 茶料理治百病	桑野和民著	180 元
19. 綠茶治病寶典	桑野和民著	150 元
20. 杜仲茶養顏減肥法	西田博著	170 元
21. 蜂膠驚人療效	瀨長良三郎著	180 元
22. 蜂膠治百病	瀨長良三郎著	180 元
23. 醫藥與生活㈠	鄭炳全著	180 元
24. 鈣長生寶典	落合敏著	180 元
25. 大蒜長生寶典	木下繁太郎著	160 元
26. 居家自我健康檢查	石川恭三著	160 元
27. 永恆的健康人生	李秀鈴譯	200 元
28. 大豆卵磷脂長生寶典	劉雪卿譯	150 元
29. 芳香療法	梁艾琳譯	160 元
30. 醋長生寶典	柯素娥譯	180 元
31. 從星座透視健康	席拉・吉蒂斯著	180 元
32. 愉悅自在保健學	野本二士夫著	160 元
33. 裸睡健康法	丸山淳士等著	160 元
34. 糖尿病預防與治療	藤山順豐著	180 元
35. 維他命長生寶典	菅原明子著	180 元
36. 維他命 C 新效果	鐘文訓編	150 元
37. 手、腳病理按摩	堤芳朗著	160 元
38. AIDS 瞭解與預防	彼得塔歇爾著	180 元
39. 甲殼質殼聚糖健康法	沈永嘉譯	160 元
40. 神經痛預防與治療	木下真男著	160 元
41. 室內身體鍛鍊法	陳炳崑編著	160 元
42. 吃出健康藥膳	劉大器編著	180 元
43. 自我指壓術	蘇燕謀編著	160 元
44. 紅蘿蔔汁斷食療法	李玉瓊編著	150 元
45. 洗心術健康秘法	竺翠萍編譯	170 元
46. 枇杷葉健康療法	柯素娥編譯	180 元
47. 抗衰血癒	楊啟宏著	180 元
48. 與癌搏鬥記	逸見政孝著	180 元
49. 冬蟲夏草長生寶典	高橋義博著	170 元
50. 痔瘡・大腸疾病先端療法	宮島伸宜著	180 元
51. 膠布治癒頑固慢性病	加瀨建造著	180 元
52. 芝麻神奇健康法	小林貞作著	170 元
53. 香煙能防止癡呆？	高田明和著	180 元
54. 穀菜食治癌療法	佐藤成志著	180 元
55. 貼藥健康法	松原英多著	180 元
56. 克服癌症調和道呼吸法	帶津良一著	180 元

57. B 型肝炎預防與治療	野村喜重郎著	180 元
58. 青春永駐養生導引術	早島正雄著	180 元
59. 改變呼吸法創造健康	原久子著	180 元
60. 荷爾蒙平衡養生秘訣	出村博著	180 元
61. 水美肌健康法	井戶勝富著	170 元
62. 認識食物掌握健康	廖梅珠編著	170 元
63. 痛風劇痛消除法	鈴木吉彥著	180 元
64. 酸莖菌驚人療效	上田明彥著	180 元
65. 大豆卵磷脂治現代病	神津健一著	200 元
66. 時辰療法—危險時刻凌晨 4 時	呂建強等著	180 元
67. 自然治癒力提升法	帶津良一著	180 元
68. 巧妙的氣保健法	藤平墨子著	180 元
69. 治癒 C 型肝炎	熊田博光著	180 元
70. 肝臟病預防與治療	劉名揚編著	180 元
71. 腰痛平衡療法	荒井政信著	180 元
72. 根治多汗症、狐臭	稻葉益巳著	220 元
73. 40 歲以後的骨質疏鬆症	沈永嘉譯	180 元
74. 認識中藥	松下一成著	180 元
75. 認識氣的科學	佐佐木茂美著	180 元
76. 我戰勝了癌症	安田伸著	180 元
77. 斑點是身心的危險信號	中野進著	180 元
78. 艾波拉病毒大震撼	玉川重德著	180 元
79. 重新還我黑髮	桑名隆一郎著	180 元
80. 身體節律與健康	林博史著	180 元
81. 生薑治萬病	石原結實著	180 元
82. 靈芝治百病	陳瑞東著	180 元
83. 木炭驚人的威力	大槻彰著	200 元
84. 認識活性氧	井土貴司著	180 元
85. 深海鮫治百病	廖玉山編著	180 元
86. 神奇的蜂王乳	井上丹治著	180 元
87. 卡拉 OK 健腦法	東潔著	180 元
88. 卡拉 OK 健康法	福田伴男著	180 元
89. 醫藥與生活(二)	鄭炳全著	200 元
90. 洋蔥治百病	宮尾興平著	180 元
91. 年輕 10 歲快步健康法	石塚忠雄著	180 元
92. 石榴的驚人神效	岡本順子著	180 元
93. 飲料健康法	白鳥早奈英著	180 元
94. 健康棒體操	劉名揚編譯	180 元
95. 催眠健康法	蕭京凌編著	180 元
96. 鬱金（美王）治百病	水野修一著	180 元
97. 醫藥與生活(三)	鄭炳全著	200 元

・實用女性學講座・大展編號 19

1.	解讀女性內心世界	島田一男著	150 元
2.	塑造成熟的女性	島田一男著	150 元
3.	女性整體裝扮學	黃靜香編著	180 元
4.	女性應對禮儀	黃靜香編著	180 元
5.	女性婚前必修	小野十傳著	200 元
6.	徹底瞭解女人	田口二州著	180 元
7.	拆穿女性謊言 88 招	島田一男著	200 元
8.	解讀女人心	島田一男著	200 元
9.	俘獲女性絕招	志賀貢著	200 元
10.	愛情的壓力解套	中村理英子著	200 元
11.	妳是人見人愛的女孩	廖松濤編著	200 元

・校園系列・大展編號 20

1.	讀書集中術	多湖輝著	180 元
2.	應考的訣竅	多湖輝著	150 元
3.	輕鬆讀書贏得聯考	多湖輝著	180 元
4.	讀書記憶秘訣	多湖輝著	180 元
5.	視力恢復！超速讀術	江錦雲譯	180 元
6.	讀書 36 計	黃柏松編著	180 元
7.	驚人的速讀術	鐘文訓編著	170 元
8.	學生課業輔導良方	多湖輝著	180 元
9.	超速讀超記憶法	廖松濤編著	180 元
10.	速算解題技巧	宋釗宜編著	200 元
11.	看圖學英文	陳炳崑編著	200 元
12.	讓孩子最喜歡數學	沈永嘉譯	180 元
13.	催眠記憶術	林碧清譯	180 元
14.	催眠速讀術	林碧清譯	180 元
15.	數學式思考學習法	劉淑錦譯	200 元
16.	考試憑要領	劉孝暉著	180 元
17.	事半功倍讀書法	王毅希著	200 元
18.	超金榜題名術	陳蒼杰譯	200 元
19.	靈活記憶術	林耀慶編著	180 元
20.	數學增強要領	江修楨編著	180 元

・實用心理學講座・大展編號 21

1.	拆穿欺騙伎倆	多湖輝著	140 元
2.	創造好構想	多湖輝著	140 元
3.	面對面心理術	多湖輝著	160 元
4.	偽裝心理術	多湖輝著	140 元

國家圖書館出版品預行編目資料

投資眾生相／黃國洲著

－初版－臺北市，大展，民 91

面；21 公分－（理財、投資；2）

ISBN 957-468-113-0（平裝）

1. 投資

563.5　　　　90020290

投資眾生相

ISBN 957-468-113-0

著　　者／黃　國　洲

發 行 人／蔡　森　明

出 版 者／大展出版社有限公司
社　　址／台北市北投區（石牌）致遠一路 2 段 12 巷 1 號

電　　話／(02) 28236031・28236033・28233123

傳　　真／(02) 28272069

郵政劃撥／01669551

E-mail／dah-jaan@ms9.tisnet.net.tw
登 記 證／局版臺業字第 2171 號

承 印 者／國順圖書印刷公司

裝　　訂／嶸興裝訂有限公司

排 版 者／千兵企業有限公司

初版1刷／2002 年（民 91 年） 1 月

定　價／220 元

大展好書 好書大展